市域轨道交通专业技能培训教材

票务管理

温州市铁路与轨道交通投资集团有限公司运营分公司　编

西南交通大学出版社

·成　都·

图书在版编目（CIP）数据

票务管理 / 温州市铁路与轨道交通投资集团有限公司运营分公司编. -- 成都：西南交通大学出版社，2020.12（2024.1）

市域轨道交通专业技能培训教材

ISBN 978-7-5643-7839-4

Ⅰ. ①票… Ⅱ. ①温… Ⅲ. ①城市铁路 – 轨道交通 – 售票 – 管理 – 技术培训 – 教材 Ⅳ. ①U293.22

中国版本图书馆 CIP 数据核字（2020）第 230320 号

市域轨道交通专业技能培训教材

Piaowu Guanli

票 务 管 理

温州市铁路与轨道交通投资集团有限公司运营分公司　编

责任编辑	罗爱林
封面设计	吴　兵
出版发行	西南交通大学出版社
	（四川省成都市金牛区二环路北一段 111 号
	西南交通大学创新大厦 21 楼）
邮政编码	610031
营销部电话	028-87600564　028-87600533
网址	http://www.xnjdcbs.com
印刷	四川煤田地质制图印务有限责任公司

成品尺寸	185 mm × 260 mm
印张	9
字数	216 千
版次	2020 年 12 月第 1 版
印次	2024 年 1 月第 2 次
定价	35.00 元
书号	ISBN 978-7-5643-7839-4

图书如有印装质量问题　本社负责退换

版权所有　盗版必究　举报电话：028-87600562

编委会 >>>>

主　　任　　丁建宇

技术顾问　　金　林

副 主 任　　张向丰

委　　员　　（按姓氏拼音字母排序）

陈德茂	陈雁鸣	池绵绵	傅　唯
韩　星	孔国权	乐明娇	李　红
林周瑜	陆诗钊	马向东	孙瑞超
王　威	吴秋蓉	吴　越	徐　军
杨　广	张冠男	张　威	郑乔峰
郑　清	郑　伟	周思思	朱旭鹏

本书编写人员　　　　>>>>

主　　编	张向丰
副 主 编	孙瑞超　　孔国权　　池绵绵
参编人员	郑文静　　陈德茂　　席美蓉　　臧双双　　陈　勇
主　　审	乐明娇
参　　审	黄博川

序 言　　>>>>

　　温州市铁路与轨道交通投资集团有限公司（以下简称"温州铁投集团"）是温州市唯一承担城市轨道交通项目前期规划、工程建设、投融资、运营管理及沿线资源开发等"五位一体"建设的市级国资企业。温州市铁路与轨道交通投资集团有限公司运营分公司（以下简称"运营分公司"）成立于2014年3月21日，为温州铁投集团全资控股子公司，主要承担温州轨道交通的建设、运营、管理等职责。自成立以来，温州铁投集团紧紧围绕市委市政府总体部署，坚持"轨道交通+新型城镇化+智慧化"发展理念，秉承"用心温暖每一程"的服务理念，努力践行"幸福轨道，链接温州新未来"的企业使命，着力把温州轨道交通真正打造成温州的"民生线、幸福线、安全线、风景线、致富线"。

　　温州地处我国东南沿海，山水分隔、土地稀少、海相冲积，素有"七山二水一分田"之称，加之民营经济发达、人口密集、城镇化程度高，块状经济、城镇组团特征明显。为构建紧凑集约、资源要素配置合理的城市格局，打造温州1小时"交通圈""经济圈"，温州铁投集团发扬"敢为人先、特别能创业创新"的新时代温州人精神，围绕打造"全国性综合交通枢纽"的目标，结合《温州市城市总体规划（2003—2020年）》，制定了"国家干线铁路+城际铁路+市域铁路S线+城区地铁M线"四层功能互补、融合发展的轨道交通发展体系。

　　温州轨道交通S1线作为全国首条制式模式创新的轨道交通线路，被国家发改委列为"国家战略新兴产业示范工程"，拥有"市域动车组项目""点式ATC信号系统""基于TD-LTE的通信技术""同相供电系统"四项创新关键技术，并凭借上述技术在轨道交通业内获得了多项科技进步奖项。另外，温州轨道交通 S1 线还被授予"城市轨道交通技术创新推广项目（工程类）"荣誉称号，在全国轨道交通建设中予以推广。该线于 2019 年 9 月 28 日全线开通运营，标志着温州正式迈入城市轨道交通时代。

近年来，随着我国综合实力与科技水平的提升，城市轨道交通建设和运营得到快速发展，但"日益增长的运营专业技术人才需求与现有市场人才供应不足之间的矛盾"已成为轨道交通行业和企业发展的主要矛盾。在这样的大环境下，企业的人才自主孵化和自主培养显得尤为重要，开发贴合温州轨道交通运营人才培养需求的教材迫在眉睫。运营分公司于 2019 年开始着手编写培训教材，结合规章及实际运营的优秀经验，历时一年开发出了一套符合专业技能人才培训的系列教材。本套教材涵盖了客运、乘务、调度和市域铁路机电设备接口调试实践等多个模块内容，可应用于全国市域轨道交通"订单班""定向班"、员工上岗取证等人才培养项目，希望能对轨道交通行业，尤其是市域线的人才培养有所帮助。

最后祝愿各行业同仁能学有所获、学有所用、学有所长，立足岗位，创出佳绩。

温州市铁路与轨道交通投资集团有限公司 董事长

前　言　>>>>

　　温州轨道交通是城市中心城区连接周边城镇组团及其城镇组团之间通勤化、快速、大运量的轨道交通系统，为市民提供城市公共交通服务，是城市综合交通体系的重要组成部分。加快温州轨道交通发展，对扩大交通有效供给，缓解城市交通拥堵，改善城市人居环境，优化城镇空间布局，促进新型城镇化建设，具有重要作用。

　　为了适应轨道交通快速发展的需要，培养一支具有轨道交通行业特有的职业道德、岗位知识与技能的员工队伍是各轨道交通运营企业的当务之急。票务运作是轨道交通的一个重要环节，对票务工作人员的经验和技能要求较高。鉴于此，温州市铁路与轨道交通投资集团有限公司运营分公司编制了这本适合培养票务岗位技能的教学用书。本书共七个章节，介绍了票务系统与相关设备、票务管理规则、票务生产架构及职责、票卡管理、收益审核及结算、ACC维护及数据管理、车站票务运作等内容。本书力求系统、全面地阐述轨道交通票务运作的知识与技能。

　　由于编者水平有限，书中难免存在不足之处，敬请读者批评指正。

编　者
2020 年 9 月

目 录　>>>>

第一章

票务系统概述

自动售检票系统

自动售检票系统是可实现轨道交通售票、检票、计费、收费、统计、清算等全过程的自动化系统。本节主要介绍自动售检票系统相关术语及定义、网络架构、运行模式等内容。

一、术语及定义

（一）自动售检票系统（Automatic Fare Collection，AFC）

自动售检票系统是基于计算机、通信、网络、自动控制等技术，实现轨道交通售票、检票、计费、收费、统计、清算等全过程的自动化系统。

（二）清分中心系统（AFC Clearing Center，ACC）

清分中心系统是用于管理整个轨道交通线网自动售检票系统的计算机系统，负责全线网的票务管理、票卡发行与调配管理、一票通/一卡通等换乘交易清算、线网运营模式监控，以及各类交易数据、客流数据的统计分析报表制作。

（三）车站计算机（Station Computer，SC）

车站计算机是管理车站级的票务、客流等的计算机系统。

（四）车站终端设备（Station Level Equipment，SLE）

车站终端设备是安装于各车站进行车票发售、进站检票、出站检票、验票分析等读写交易处理的设备。

二、自动售检票系统网络架构

（一）自动售检票系统网络架构概述

传统自动售检票系统为五层架构模式，即清分中心系统（ACC）、线路中央计算机系统（LC）、车站计算机系统（SC）、车站终端设备（SLE）、各类型票卡（见图 1-1）。

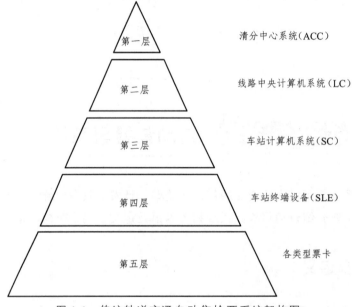

图 1-1　传统轨道交通自动售检票系统架构图

温州轨道交通自动售检票系统为四层架构模式，即清分中心系统（ACC）、车站计算机系统（SC）、车站终端设备（SLE）、各类型票卡（见图 1-2）。

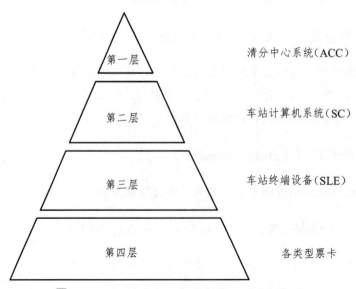

图 1-2　温州轨道交通自动售检票系统架构图

温州轨道交通根据其线网规模较小的特性，在国内首创自动售检票系统四层架构，优化了传统自动售检票系统五层架构，将线路中央计算机系统（LC）的功能整合到清分中心系统中，减少了线路中心设备采购、维护保养的费用，线路中心设备用房、电源及相应的软硬件维护人员资源的投入，减少了自动售检票系统线路中央计算机系统（LC）层业务接口，提高了自动售检票系统数据传输效率，更好地发挥了客流数据的实时性，同时提高了整个自动售检票系统对各类事件的处理及响应速度，使管理方式和运营模式更加灵活，最大限度地保障了后续线路车站的无缝接入，从而降低了实施难度。

（二）温州轨道交通自动售检票系统的功能

1. 清分中心系统（ACC）

清分中心系统（ACC）作为自动售检票系统四层架构中的第一层，是线网级，负责全线网的参数管理、监控管理、系统权限管理、数据管理、票卡库存管理、收益管理、密钥管理、编码发卡管理、清分管理等。ACC 可形成线网级交易数据、客流数据及收益数据等统计报表。

温州轨道交通为提高资源利用率、降低应用成本并具有高可靠性及可扩展性，创先引入云平台技术，即云清分系统（IACC）。IACC 负责与银联系统、APP 二维码等电子支付间的密钥传输、预授权扣款申请及确认、进出站消息推送、异常逻辑判断、票价计算等。IACC 可实现单边交易、统计电子支付结算数据并形成各类对账报表。

2. 车站计算机系统（SC）

车站计算机系统（SC）作为自动售检票系统四层架构中的第二层，是车站级，负责对车站所辖的终端设备进行管理、监控和数据采集，负责车站参数管理、数据管理、车票管理、收益管理、报表管理、权限管理等。

3. 车站终端设备（SLE）

车站终端设备（SLE）作为自动售检票系统四层架构中的第三层，是终端级。它由车站终端设备组成，依据其不同设备类型完成相应的功能操作，如售票、进出站检票、车票更新、车票分析等。车站终端设备包括自动售票机、查询充值机、半自动售票机、自动检票机、便携式验检票机。

4. 各类型票卡

各类型票卡作为自动售检票系统四层架构中的第四层，是票卡级。它由单程票、纪念票等温州轨道交通发行的票卡以及市民卡、银联卡等体系外票卡组成。

三、自动售检票系统运行模式

自动售检票系统（AFC）运行模式包括三大类：正常运行模式、降级运行模式和紧急放行模式。

（一）正常运行模式

正常运行模式是系统默认模式，包括正常服务模式和关闭服务模式。正常服务模式下进行正常的售检票等处理。关闭服务模式下，不对票卡进行任何处理。

（二）降级运行模式

运营过程中如出现特殊情况，为保证客运安全和运营收益，根据实际情况，经设定系统进入相应的降级运行模式。降级运行模式包括：进站免检模式、出站免检模式、时间免检模式、日期免检模式、车费免检模式、列车故障模式。

1. 进站免检模式

为应对大客流进站、设备故障及特殊运营需要，可启用"进站免检模式"。在进站免检模式下，进站检票机扇门常开，乘客不检票直接进站。

2. 出站免检模式

为应对大客流出站、设备故障及特殊运营需要，可启用"出站免检模式"，在出站免检模式下，出站检票机扇门常开，乘客不检票直接出站。

3. 时间免检模式

运营列车延误、时钟错误或其他原因导致大量持票乘客超时无法出站时，可启用"时间免检模式"。

4. 日期免检模式

由运营的原因而导致票卡过期，可根据运营工作的需要启用"日期免检模式"。

5. 车费免检模式

车站发生事故或因故障关闭，导致列车越过该站在前方站停车时，可将该站相邻车站设置为"车费免检模式"。

6. 列车故障模式

当运营列车出现故障，部分车站暂时终止运营服务时，暂停服务的车站可启用"列车故障模式"。

（三）紧急放行模式

当运营过程中发生紧急情况，需要乘客紧急撤离车站时，事发车站进入"紧急放行模式"。进入紧急放行模式后，自动检票机处于全开状态，乘客出站不检票。紧急放行模式具有最高级的模式执行优先权。

（四）运行模式的处理优先级

系统在同一时间只允许单一模式运行，当系统运行模式发生变化时，处理按以下顺序进行：紧急放行模式、降级运行模式（在降级运行模式中，若有新模式发生时，前一模式自动失效）、正常运行模式。

第二节　自动售检票设备

自动售检票设备包括安装在车站的自动售票机、半自动售票机、自动检票机，设置于清分中心系统（ACC）的编码分拣机、票卡清洗机，以及可进行移动操作的便携式验检票机。

一、自动售票机（Ticket Vending Machine，TVM）

（一）概　述

自动售票机安装于非付费区，用于乘客自助购买单张或多张单程票，具备自动处理支付和找零功能的设备。

（二）功　能

（1）接受乘客的购票选择，在购票过程中给出提示信息及操作指示。
（2）接收乘客投入的现金并自动完成识别，对无法识别的现金予以退还。
（3）自动计算乘客投入的现金数量及购票金额，自动找零。
（4）自动完成车票校验、发售及出票。
（5）对各模块工作状态进行自动监测，并向车站计算机系统上报工作状态。
（6）接受车站计算机系统或清分中心系统下发的参数和控制命令，完成运行模式的转换并执行相应操作。
（7）存储并上传交易数据和设备数据。
（8）对已接收的现金、售存的车票进行管理。

（三）设备构成

TVM 主要由乘客显示触摸屏、运行状态显示器、车票处理模块、纸币处理模块、纸币找零模块、硬币处理模块、维护打印机、维护面板、电源模块、主控制单元等独立部件组成。这些设备通过相应线缆进行连接。

TVM 的外观机体和内部结构如图 1-3 和图 1-4 所示。

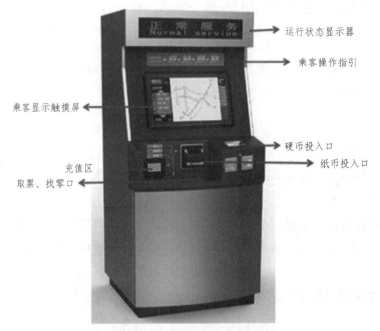

图 1-3　TVM 外观机体

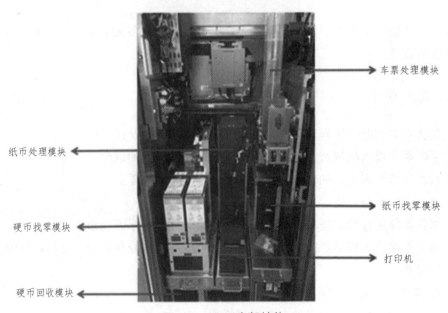

图 1-4　TVM 内部结构

1. 车票处理模块（见图 1-5）

车票处理模块由供票单元、读写单元、出票单元、导轨等组成。车票处理模块能完成供票、赋值及出票的处理过程，同时能判断票箱空、将空的状态，以及判断废票箱将满、满的状态。

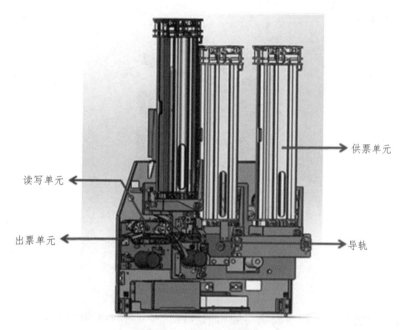

图 1-5　车票处理模块

2. 纸币处理模块（见图 1-6）

纸币处理模块由纸币识别器、传送通道、暂存器和钱箱组成。纸币处理模块能接受乘客投入的纸币，对纸币的真伪和面值进行识别，将合法的纸币保管在暂存位、非法的纸币退还给乘客，交易成功后将合法的纸币导入钱箱，将信息反馈给主控制器。

图 1-6　纸币处理模块

3. 纸币找零模块（见图 1-7）

纸币找零模块由供钞单元、出钞单元、找零箱、废币箱、控制单元、导轨组成。纸币找零模块接受主控单元的指令后，能完成供钞及出钞的处理过程。

找零模块能感知找零箱与废币箱是否到位，并能判断找零箱空、将空的状态，以及判断废币箱将满、满的状态。

图 1-7　纸币找零模块

4. 硬币处理模块

硬币处理模块包括硬币找零模块与硬币回收模块（见图 1-8 和图 1-9）。

硬币找零模块用于接收处理乘客投入的硬币，并具有找零功能。硬币找零模块中的循环找零箱可以实现硬币找零的循环处理，当硬币补币箱内硬币存量不足时，能自动将乘客投入的硬币导入补币箱进行补充。

硬币回收模块主要是硬币回收箱，用于接收硬币。

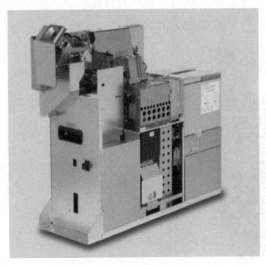

图 1-8　硬币找零模块

图 1-9　硬币回收箱

5. 维护面板

维护面板是供设备管理人员对 TVM 进行补币补票、清点结算、维护、故障诊断及参数设置等操作（见图 1-9）。

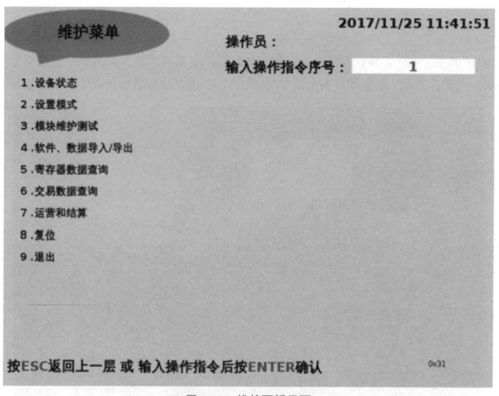

图 1-10　维护面板界面

二、半自动售票机（Booking Office Machine，BOM）

（一）概　述

半自动售票机安装于客服中心，用于客服员进行票务处理，其主要功能包括车票分析、交易查询、车票发售、车票更新、退款等。

（二）功　能

（1）售票：可按系统设置的票价表、购买金额、优惠制度等系统参数出售乘客使用的车票。

（2）补票：可对无票、超出规定时间、超出规定范围乘车的乘客进行补票。补票过程中，操作显示器和乘客显示屏给客服员、乘客提供必要的信息显示，如补票原因、应补票值、实收金额、应找金额等。

（3）分析更新：可对票卡的交易记录进行分析，并在操作显示器和乘客显示屏显示票卡的分析结果，也可针对各类不同情况的票卡进行更新。

（4）退票：可对已发售且未刷进站的车票进行退款处理。

（三）设备构成

BOM 由主控单元、操作员显示器、乘客显示器、桌面读写器、桌面型单程票发售模块、打印机、电源、鼠标、键盘等设备组成（见图 1-11）。这些设备通过相应线缆进行连接。

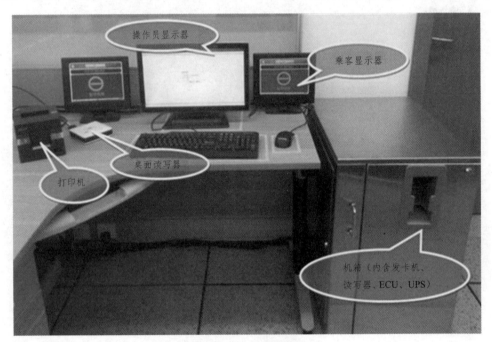

图 1-11　半自动售票机

三、自动检票机（Automatic Gate Machine，AGM）

（一）概　述

自动检票机（或闸机）安装于站厅公共区，用于现场乘客的进出站检票，进站时赋予票卡相应进站码，出站时根据票卡已有的进站码对票卡进行相应扣费、扣次及回收。自动检票机分进站检票机、出站检票机和双向检票机 3 种类型。

（二）功　能

（1）可对乘客进、出站进行检票。进站检票机是实现乘客由非付费区进入付费区自动验票与放行的设备。出站检票机是实现乘客离开付费区进入非付费区自动验票与放行的设备。

双向检票机具有进站检票机和出站检票机的功能。宽通道双向检票机与标准通道双向检票机的功能类似。

（2）具有进、出站客流记录、扣除车费记录、黑名单使用记录以及信息输出功能。

（3）具有离线工作及数据保存能力。

（4）具有对特殊票卡（如工作卡、黑名单票卡等）使用的声光提示功能。

（三）设备构成

AGM 由主控单元、扇门模块、通行监控（通行传感器、安全传感器、人体高度监测）、乘客显示器、读写器、车票处理单元、方向指示器、警示灯、维护面板、电源等设备组成。这些设备通过相应线缆进行连接。

自动检票机整机结构和剖面图如图 1-12 和图 1-13 所示。

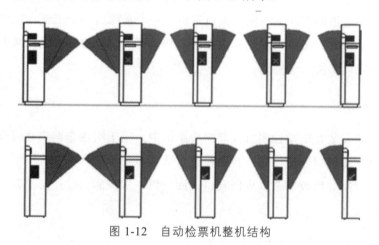

图 1-12　自动检票机整机结构

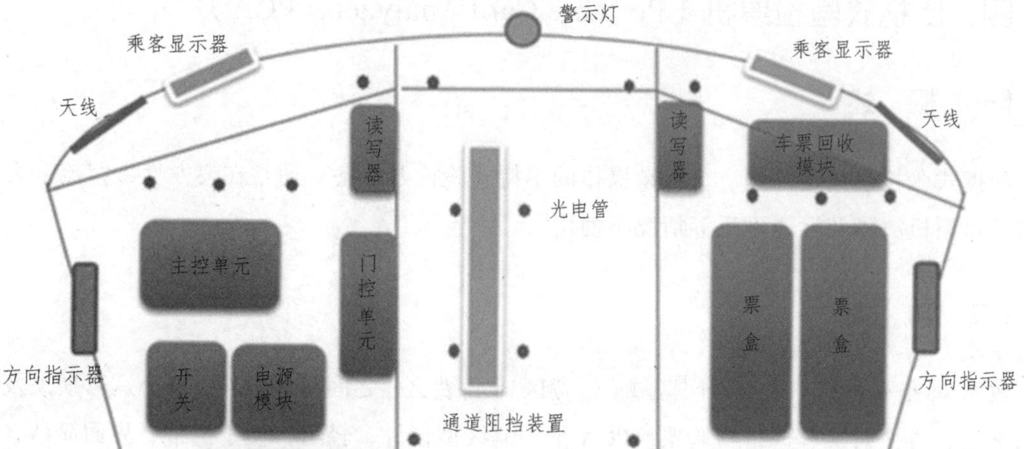

图 1-13　自动检票机剖面图

1. 乘客显示器

在正常模式下，乘客显示器能显示文字、数字、特殊字符和图像，所显示的信息同时以中、英文显示，且以彩色显示。有效的车票，显示车票有效允许进站或出站的指示信息。同时，在出站检票机显示车票的余值、剩余乘次、有效期及优惠、允许通过等信息。无效的车票，显示车票无效及需查询、需补票、需充值等指示信息。

2. 方向指示器

自动检票机两端的前面板上分别安装通行显示器，用于指示乘客通行方向。通行显示器采用高亮度 LED 显示器显示。其显示标志在 30 米的距离外可以清晰辨别。

3. 扇门模块

两个扇门位于通道的中间，以限制人员进出。一个扇门由一个能够自由伸缩的三角形门和一个固定门共同组成，每一个扇门都由金属芯和外面的柔软塑料组成。两个扇门的运动是同步的，以确保运动平滑、无振动。

4. 车票回收模块

车票回收模块安装在出站检票机或双向检票机中，用于实现车票出站回收功能。当需回收车票在非回收车票读写器使用时，自动检票机乘客显示屏提醒乘客将车票放入回收口。入票口尺寸设置，限制非回收车票投入回收口。回收口一次只能回收一张车票，无法同时将两张车票投入回收口。

四、便携式验检票机（Portable Card Analyzer，PCA）

（一）概　述

便携式验检票机是可以进行移动操作的手持式验检票设备，通常在突发性大客流、大面积自动检票机故障及运能不足等情况下使用。

（二）功　能

PCA 可在不同的车站与不同区域（付费区/非付费区）之间移动操作，减小运营损失及应对大客流，方便对乘客进行检验票。PCA 采用流线型设计，轻巧，便于携带，界面简洁，操作方便，具有高可靠性、低能耗、微型化、模块化设计等特点，并可在脱机或联机状态进行数据处理。

（三）设备构成

PCA 由主机、电源适配器、电池及充电器、数据线等设备组成。

图 1-14　PCA 主机图

五、编码分拣机

（一）概　述

编码分拣机（E/S）是集中设置在清分中心系统（ACC），用于对温州轨道交通发行的票卡进行初始化编码、赋值、分拣、注销等的设备。

（二）功　能

（1）对需要编码的单程票、纪念票和工作卡等进行初始化。
（2）对需要赋值的单程票按照不同的金额和有效期进行预赋值。
（3）对需要分拣的各类票卡进行设备分拣。
（4）对需要注销的各类票卡进行注销。

（三）设备构成

编码分拣机由整体支架、发卡模块、读写模块、卡分拣模块、票箱固定模块、读写器、微型打印机、E/S 电源输入口等设备组成。

编码分拣机主机如图 1-15 所示。

图 1-15　编码分拣机主机

六、票卡清洗机

（一）概　述

票卡清洗机集中设置在清分中心系统（ACC），是对轨道交通线网内使用的单程票进行清洗、消毒、烘干等的设备。

（二）功　能

（1）可对标准尺寸的单程票进行洗涤、去污、消毒、烘干。

（2）可根据环境调节烘干箱的进风量、温度。

（3）可根据使用情况调整洗卡速度或时间。

（三）设备构成

票卡清洗机由出票箱、票卡清洗通道、票卡烘干箱、票卡回收箱、操作面板、维护门等设备组成（见图 1-16）。

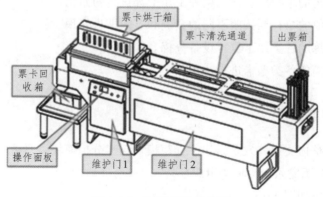

图 1-16　车票清洗机外观

第三节　票　种

一、按状态及属性分类

根据各类车票的状态及属性可以区分为白票、测试票、编码票、预赋值单程票、纸票、工作卡、无效票、废票、过期票、一票通、一卡通等。

（一）白　票

白票指未经编码分拣机编码信息的车票。

（二）测试票

测试票指用于设备检修、测试的车票。

（三）编码票

编码票指经过编码分拣机初始化但未赋值的车票。

（四）预赋值单程票

预赋值单程票指经过编码分拣机初始化且预先赋值的单程票，在车站自动售票机售票能力不足或车站 AFC 设备全面故障时使用。

（五）纸　票

纸票通常在车站自动售票机售票能力不足且预赋值单程票又售完，或网线 AFC 设备全面故障时使用，采取人工售检票方式。纸票的票价同单程票，边门进、出站。

（六）工作卡

工作卡是不对外发行、非乘客使用的票卡类型，指为直接或间接从事温州轨道交通管理、运营、服务、维护、培训等工作的人员配发的可进出轨道交通车站付费区的有效凭证（见图1-17）。

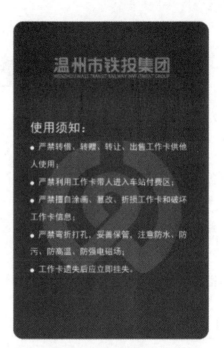

图 1-17　工作卡票面图

（七）无效票

无效票指无法正常通过（进/出）自动检票机，且无法通过半自动售票机（BOM）进行更新处理的车票。

（八）废　票

废票分为设备废票和其他废票。

设备废票包括 TVM 废票、BOM 废票、E/S 废票。TVM 废票指车站 TVM 发售不成功并掉入废票盒的车票；BOM 废票指车站 BOM 发售内置票不成功并掉入废票盒的车票；E/S 废票指编码分拣机编码不成功的车票。

其他废票是指车站车票回收箱内回收的单程票。

（九）过期票

过期票指超过规定使用有效期的车票。

（十）一票通

一票通是指由温州轨道交通发行的车票，可在温州轨道交通线网内使用，实现轨道交通各线路之间付费区内一票换乘。它包括单程票和温州轨道交通其他专用票种如纪念票等。

（十一）一卡通

一卡通是指由外部发卡公司发行的能存入金额，并能在温州轨道交通线网内使用，可实现线网内换乘的乘车凭证，现专指市民卡。

二、按乘客使用分类

根据乘客使用可以区分为普通单程票、福利票、纪念票、出站票等。

（一）普通单程票

普通单程票只在当天运营时间内有效，在所购车站进站，乘坐车费以内的车程，出站时由自动检票机回收（见图 1-18）。普通单程票适用于所有乘客，可在车站自动售票机购买。

图 1-18　普通单程票

（二）福利票

福利票包括八折福利单程票、免费福利单程票，适用于享受优惠政策的相关乘客，可在车站客服中心凭本人有效证件购买。

（三）纪念票

纪念票适用于所有乘客，种类包括计时纪念票、计次纪念票。纪念票在规定时间内使用，出站时车票不回收，由乘客保留收藏。纪念票不可充值，不记名，不办理挂失、退票手续。

计次票每次乘车扣一次，不计时、不计程，无超时、超程、超时且超程情况。

计时票在有效期内使用，不计里程、不计次数，无超时、超程、超时且超程情况。

纪念票票面如图 1-19 所示。

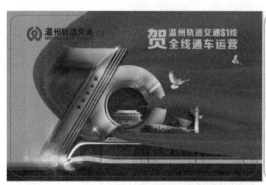

图 1-19　纪念票票面

（四）出站票

出站票包括免费出站票和付费出站票。

免费出站票是乘客在付费区内因为车票无效、闸门被误用、设备故障或其他特殊情况导致乘客无法出站时，为乘客发售的免费车票。

付费出站票是乘客在付费区内因为遗失车票（无票乘车）、持因人为折损的无效单程票无法出站时，为乘客发售的付费车票。

 一、简述温州轨道交通自动售检票系统的网络架构。

 二、简述自动售检票系统的运行模式及处理优先级。

 三、简述 TVM 的功能。

 四、简述工作卡的定义。

票务管理规则

第一节　票务政策

票务政策是指温州轨道交通在客运服务过程中，实行的票制票价及优惠政策。

一、票　价

（一）温州轨道交通 S 线票价

温州轨道交通 S 线实行里程分段计价票制。起步价 2 元，可乘坐 4 公里（含 4 公里）；4 至 28 公里（含 28 公里）每 1 元可乘 4 公里，28 至 64 公里（含 64 公里）每 1 元可乘 6 公里，64 公里以上每 1 元可乘 8 公里。（见表 2-1、图 2-1）

表 2-1　温州轨道交通 S 线票价表

分段	跨度	加价里程/公里	单程票价/元
1	0≤里程≤4	4	2
2	4<里程≤8	4	3
3	8<里程≤12	4	4
4	12<里程≤16	4	5
5	16<里程≤20	4	6
6	20<里程≤24	4	7
7	24<里程≤28	4	8
8	28<里程≤34	6	9

分段	跨度	加价里程/公里	单程票价/元
9	34<里程≤40	6	10
10	40<里程≤46	6	11
11	46<里程≤52	6	12
12	52<里程≤58	6	13
13	58<里程≤64	6	14
14	64<里程	8	加价1

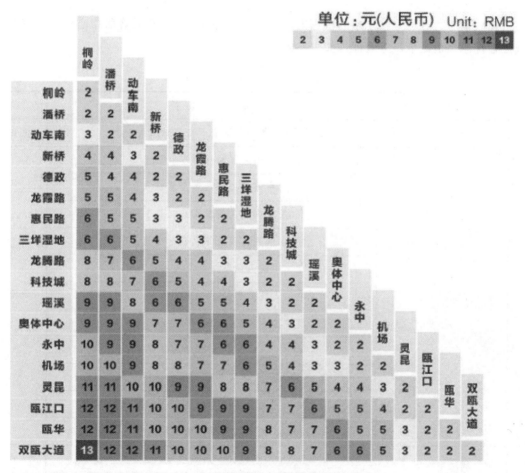

图2-1　S1线票价表

二、优惠政策

（1）离休干部、现役军人、残疾军人、因公残疾人民警察、烈士遗属、因公牺牲军人遗属、病故军人遗属、荣获国家无偿献血奖的献血者、重度残疾人、温州市户籍持证残疾人、消防救援人员凭本人有效证件免费乘车。

（2）70周岁及以上老年人，凭本人有效证件免费乘车；60~70周岁（不含70周岁）老年人，凭本人有效证件享受票价的8折优惠。

（3）一名成年乘客可免费携带一名身高不足1.2米（含1.2米）的儿童乘车；超过一名的，按超过人数购买全票。

（4）乘客持市民卡乘车享受票价的9折优惠。

三、优惠证件

优惠政策中，第（1）（2）条的特惠人群可凭本人有效证件至车站客服中心购买福利单程票或办理优惠类市民卡。有效证件如表2-2所示。

表2-2 特惠人群有效证件表

序号	优惠人群	所凭证件/条件	优惠情况
1	离休干部	《中华人民共和国老干部离休荣誉证》	免费
2	现役军人	《中国人民解放军军官证》	免费
		《中国人民解放军士官证》	
		《中国人民解放军职工证》	
		《中国人民解放军文职干部证》	
		《中国人民解放军义务兵证》	
		《中国人民武装警察士官学校学员证》	
		《中国人民武装警察部队士官证》	
		《中国人民武装警察部队警官证》	
		《中国人民武装警察部队义务兵证》	
		《中国人民武装警察部队文职干部证》	
		《中国人民武装警察部队文职人员证》	
3	残疾军人、因公残疾人民警察	《中华人民共和国残疾军人证》	免费
		《中华人民共和国伤残人民警察证》	
4	烈士遗属、因公牺牲军人遗属、病故军人遗属	《浙江省烈士遗属优待证》	免费
		《浙江省因公牺牲军人遗属优待证》	
		《浙江省病故军人遗属优待证》	

序号	优惠人群	所凭证件/条件	优惠情况
5	荣获国家无偿献血奖的献血者	《浙江省无偿献血荣誉证》	免费
6	重度残疾人	《中华人民共和国残疾人证》且残疾程度为"一级""二级"	免费
7	温州市户籍持证残疾人	《中华人民共和国残疾人证》	免费
8	消防救援人员	《国家综合性消防救援队伍干部证》	免费
		《国家综合性消防救援队伍消防员证》	
		《国家综合性消防救援队伍退休证》	
		《国家综合性消防救援队伍学员证》	
9	70周岁及以上老年人	《浙江省老年人优待证》（红色）、身份证	免费
10	60～70周岁（不含70周岁）老年人	《浙江省老年人优待证》（绿色）、身份证	8折优惠

第二节　支付方式与报销凭证

随着电子科技的不断发展，温州轨道交通的乘车支付方式也日趋多样化。除了传统的票卡媒介如单程票、纪念票等，还增加了市民卡、银联卡、温州轨道APP二维码等多元支付方式。同时，报销凭证除了传统的定额发票外，使用温州轨道APP二维码的乘客也可直接领取电子发票。

一、支付方式

乘客在TVM上可以使用现金购买单程票，也可以通过银联闪付、二维码扫码购票。除了多种购票方式外，乘客还可以使用市民卡、银联卡、温州轨道APP等直接检票进站，出站时扣除乘车费用，无须进行购票操作，更高效快捷。

（一）现金购票

乘客使用现金在TVM购买普通单程票。TVM接收币种为1元硬币，5元、10元、20元纸币。购票后，乘客持单程票进、出闸机。

（二）银联闪付购票

乘客使用带"闪付"标识的银联 IC 卡在 TVM 购买普通单程票。购票后，乘客持单程票进、出闸机。

（三）二维码扫码购票

乘客使用支付宝、微信、云闪付或龙支付在 TVM 通过扫取二维码购买普通单程票。购票后，乘客持单程票进、出闸机。

（四）市民卡过闸

市民卡由温州市民卡公司发行并激活轨道交通功能。乘客持市民卡直接刷卡进、出闸机。进闸时，卡内可用余额须大于等于线网最低单程票价。

市民卡包括普通卡、优惠卡、优待卡、爱心卡。根据现有的优惠政策，普通卡乘车享受9 折优惠，优惠卡乘车享受 8 折优惠，优待卡、爱心卡享受免费乘车。

（五）银联闪付过闸

银联 IC 卡是指卡号以 62 开头，卡面有芯片和银联标识的银行 IC 卡，及承载银联 IC 卡信息的移动设备。

乘客持带"闪付"标识的银联 IC 卡直接进、出闸机。进闸时需冻结线网最高单程票价，出闸时扣除实际乘车费用后剩余金额退回原账户。

（六）温州轨道 APP 二维码（简称 APP 二维码）过闸

下载温州轨道 APP，绑定支付宝、微信或者银联卡（任选其一绑定即可），选择支付方式后获取二维码。将二维码对准闸机扫描区扫码进、出闸机。

二、车票的报销凭证

使用温州轨道 APP 二维码需报销凭证的乘客，可在温州轨道 APP 上领取电子发票。其他车票（不含纪念票）需要报销凭证的乘客，可凭使用车票在出站前至车站客服中心索取等额发票。

电子发票和纸质发票如图 2-2 和图 2-3 所示。

图 2-2　电子发票

图 2-3　纸质发票

 **第三节** # 车票使用及乘客事务处理规定

车票使用规定是为了加强温州轨道交通票卡的使用管理,维护乘车秩序,保障运营秩序。发生特殊情况时,车站工作人员根据乘客事务处理规定进行相应的票务操作。

一、车票使用规定

（1）乘客须持有效车票进、出车站付费区,实行一人一票制,即乘客须使用同一张车票进、出闸机。一张车票不可多人同时使用。

（2）单程票在发售当日、当站乘车有效，出站时乘客须将单程票插入闸机，由闸机回收单程票。

（3）优惠政策第（1）、（2）条（第二章第一节）中的特惠人群凭本人有效证件至车站客服中心购买福利单程票，并办理登记手续。持优惠类市民卡（含爱心卡、优惠卡、优待卡）的乘客可直接刷卡过闸。

（4）车票有进闸记录而乘客未进闸的，可在有进闸记录之时起 20 分钟内在本站客服中心免费办理更新，单程票更新后不能退票；超过 20 分钟未进闸的，单程票作废，并予以人工回收，非单程票类票卡须扣除或支付上次实际乘车票款。使用银联 IC 卡、温州轨道 APP 二维码的乘客，若 7 日内未处理的，将自动扣除进闸站线网最高单程票价。

（5）乘客每次乘车从进闸机到出闸机的有效时限为 120 分钟。出闸时超过该时限，须至车站客服中心按出闸站的线网最高单程票价补交相应票款。

（6）乘客使用的车票不足以支付到达车站的实际车费时，须至车站客服中心补交相应超程车费。

（7）乘客乘车出现既超时又超程的情况，按超时乘车规定处理。

（8）乘客须持有效车票乘车，并妥善保管车票。若乘客由于遗失车票、人为损坏车票或无有效车票导致无法出闸时，须至车站客服中心按出闸站的线网最高单程票价补交相应票款。

（9）当乘客在同一个车站进、出闸时，单程票直接回收，非单程票类票卡须按线网最低单程票价扣除相应票款。

（10）单程票没有进闸记录且票内信息可以读取的，当日内可在购票车站免费办理退票。

（11）因轨道交通运营原因导致乘客退票的，须在 7 日内到任意车站免费办理退票。

（12）使用温州轨道 APP 二维码需报销凭证的乘客，可在温州轨道 APP 领取电子发票；持其他车票（不含纪念票）需报销凭证的乘客，可凭使用车票在出站前至车站客服中心索取等额发票。

（13）使用已实现"互联互通"城市的 APP 二维码乘车时，须遵循温州轨道交通票务规则。

二、乘客事务处理规定

（一）车票超程

1. 车票超程的定义

车票超程是指按路程计价时，付费区乘客所持车票余额不够支付起点站至终点站之间的单程车费。

2. 车票超程的处理

持单程票的乘客须到车站客服中心补交超程车费。

持市民卡的乘客须到车站客服中心用现金按实际车程购买付费出站票。现金支付不享受折扣优惠。

【例 2-1】某一天，王先生在惠民路站用现金购买了一张至德政站的普通单程票，票价为 3 元。因行程有变，王先生便在动车南站下车。但当他出站检票时，出站检票机显示"请到客服中心处理"且扇门未开启，王先生前往客服中心询问客服员。

客服员将这张车票放置在 BOM 上进行分析，分析结果显示"超程"，须补交超程费用。客服员向王先生解释道："先生您好，这张单程票票价为 3 元，惠民路站至动车南站票价为 5 元，您须补交 2 元超程费用。"客服员收取王先生补交的 2 元现金后，在 BOM 上对车票进行超程更新操作，并引导其出站。

（二）车票超时

1. 车票超时的定义

车票超时是指乘客检票进入付费区后，在付费区逗留时间过长，导致车票使用时间超过了系统规定的有效时限 120 分钟，车票不能正常通过出站检票机的情况。

2. 车票超时的处理

持单程票的乘客须到车站客服中心，按出闸站的线网最高单程票价补交票款。

持市民卡的乘客须到车站客服中心，按出闸站的线网最高单程票价相应优惠折扣扣款，当卡内余额不足时用现金购买付费出站票，现金支付不享受折扣优惠。

持银联卡的乘客须到车站客服中心，按出闸站的线网最高单程票价从预授权金额中直接扣费，更新后发售免费出站票，乘客持免费出站票出站。

凭温州轨道 APP 二维码进站的乘客须到车站客服中心，按出闸站的线网最高单程票价直接扣费，更新二维码后发售免费出站票，乘客持免费出站票出站。

【例 2-2】某一天，王先生在惠民路站用现金购买了一张至动车南站的普通单程票，票价为 5 元。进站检票的时间为 09:00:00。11:40:00 王先生在动车南站下车，但在出站检票时，出站检票机显示"请到客服中心处理"且扇门未开启，王先生前往客服中心询问客服员。

客服员将这张车票放置在 BOM 上进行分析，分析结果显示"超时"，须补交超时费用。客服员向王先生解释道："先生您好，您在早上 9 时进站，按规定须在 11 时前出站，我们的乘车有效时限为 120 分钟。动车南站的最高票价为 12 元，您须按动车南站的最高票价补交超时费用 7 元。"客服员收取王先生补交的 7 元现金后，在 BOM 上对车票进行超时更新操作，并引导其出站。

（三）车票超时超程

1. 车票超时超程的定义

车票超时超程是指付费区乘客所持车票余额不够支付起点站至终点站之间的单程车费，同时在付费区逗留时间过长，导致车票使用时间超过了系统规定的有效时间，车票不能正常通过出站检票机的情况。

2. 车票超时超程的处理

乘客乘车出现既超时又超程的情况，按超时乘车规定处理。

（四）车票进出站次序错误

1. 车票进出站次序错误的定义

车票进出站次序错误是指车票所处付费区或非付费区模式与乘客实际所在的区域不一致的情况。

2. 车票进出站次序错误的处理

所有票种有进站检票记录而乘客未进站的，可在有进站检票记录之时起 20 分钟内在本站客服中心免费办理更新，单程票更新后不能退票。

超过 20 分钟未进站检票的，单程票作废，并予以人工回收。乘客持非单程类票卡进闸时刷卡异常（即没有出站检票记录），导致不能正常进站时，须到车站客服中心更新车票：持市民卡的乘客，须从卡内扣除上次实际乘车票款，当卡内余额不足时用现金补交相应票款，现金支付不享受折扣优惠；持纪念票（计次）的乘客须到车站客服中心扣除 1 次乘车次数；持银联卡、APP二维码的乘客，扣除上次实际乘车费用后更新银联卡、APP二维码，乘客刷银联卡、APP二维码进站。

乘客出站检票时刷卡异常（即没有进站检票记录），导致不能正常出站时，须到车站客服中心处理，对持单程票的乘客以出售站为出发站进行更新。持市民卡、纪念票、银联卡、APP二维码的乘客须向客服中心工作人员提供出发站名称后进行更新。

【例2-3】某一天，王先生带着1.1米高的儿子小王在惠民路站用现金购买了一张至动车南站的普通单程票，票价为5元。进站检票时，王先生右手持单程票放于进站检票机读写器上，扇门打开时，小王率先跑了进去。当王先生反应过来时，扇门已经关闭。王先生前往客服中心询问客服员。

客服员与王先生确认情况并将车票放置在BOM上进行分析，分析结果显示"已进站"。此时车票所处区域是付费区，而王先生实际所处区域为非付费区，两者所在区域不一致。进站时间为09:00:00，目前BOM显示时间为09:02:00，未超过20分钟。客服员在BOM上对车票进行进出站次序更新操作，并提醒王先生照看好小孩后引导王先生进站。

【例2-4】某一天，王先生在惠民路站用现金购买了一张至动车南站的普通单程票，票价为5元。进站检票时，前一位乘客刷卡时王先生与其未保持距离，导致扇门打开后，两人同时进闸。王先生未将车票放置于进站检票机读写器上进行检票。王先生到达动车南站后出站检票，出站检票机显示"请到客服中心处理"且扇门未开启，王先生前往客服中心询问客服员。

客服员与王先生确认情况并将车票放置在BOM上进行分析，分析结果显示"未进站"。此时车票所处区域是非付费区，而王先生实际所处区域为付费区，两者所在区域不一致。客服员在BOM上对车票进行进出站次序更新操作，并提醒王先生下次注意进站检票。

【例 2-5】某一天，王先生在惠民路站使用银联卡检票进站。到达动车南站下车，出站检票时，前一位乘客刷卡时王先生与其未保持距离，导致扇门打开后，两人同时出闸。王先生未将银联卡放置于出站检票机读写器上进行出站检票。

次日，王先生在惠民路站使用银联卡检票进站。进站检票机显示"请到客服中心处理"且扇门未开启，王先生前往客服中心询问客服员。客服员与王先生确认情况并将车票放置在 BOM 上进行分析，分析结果显示"已进站"。此时车票所处区域是付费区，而王先生实际所处区域为非付费区，两者所在区域不一致。且进站时间为前一天早上 09:00:00。该笔交易未扣款。客服员向王先生询问前一日出站站点，且是否同意对上一笔未完成交易进行扣费。王先生表示同意扣费，并告知客服员前一日为动车南站出站。客服员通过 BOM，在银联卡上扣除上一笔交易实际费用 5 元后进行进出站次序更新操作，并提醒王先生下次注意出站检票。王先生持银联卡检票进站。

（五）闸机被误用

1. 闸机被误用的定义

闸机被误用是指乘客刷卡出闸时，由于乘客误操作，导致所持票卡已有出站刷卡记录或乘客所持单程票已投入闸机中，但乘客仍在付费区的情况。根据乘客所述的情况，单程票结合 SC 交易记录和视频监控判断是否为闸机被误用；其他票卡通过 BOM 分析，查看乘客上次出站时间、出站车站。原则上，上一次出站时间为 20 分钟内的且出站车站为本站的判断为闸机被误用。

2. 闸机被误用的处理

闸机被误用无法出站的，通知值班站长或以上级别人员确认，情况属实则给乘客发售免费出站票出站。BOM 交易凭条需由确认人员签章。

【例2-6】某一天，王先生带着1.1米高的儿子小王在惠民路站用现金购买了一张至动车南站的普通单程票，票价为5元。到达动车南站出站检票时，王先生右手持单程票插入出站检票机插卡口，扇门打开时，小王率先跑了出去。当王先生反应过来时，扇门已经关闭。王先生前往客服中心询问客服员。

客服员与王先生确认情况后立即通知值班站长确认。值班站长通过监控视频，确认王先生确实为闸机被误用后立即通知客服员。客服员在BOM上为王先生发售免费出站票。值班站长在BOM小单上签章确认。最后，客服员引导王先生持免费出站票出站，并提醒王先生照看好小孩后引导王先生出站。

（六）车票无效

1. 车票无效的定义

车票无效是指车票在使用过程中，因车票原因或乘客人为原因造成车票异常，无法正常通过进、出站检票机，且无法通过半自动售票机进行更新处理的情况。

2. 车票无效的处理

若由于人为损坏导致车票卡内信息无法读取而无法出站的，须按出闸站的线网最高单程票价补交票款。

单程票若由于车票本身原因导致卡内信息无法读取而无法进站的，客服员回收该单程票并免费发放一张等值单程票；若由于车票本身原因导致卡内信息无法读取而无法出站的，客服员回收该单程票并发放一张免费出站票。

【例2-7】某一天，王先生在惠民路站用现金购买了一张至动车南站的普通单程票，票价为5元。正常进站检票后，王先生将车票放入购物袋中。到达动车南站后，王先生将车票从购物袋中取出，发现因保管不当车票已被折损无法通过出站检票机。王先生前往客服中心询问客服员。客服员与王先生确认情况并将车票放置在BOM上进行分析，BOM无任何分析结果显示。车票票面有明显折痕并成一定角度弯曲。

客服员向王先生解释道：先生您好，因车票是人为损坏的，根据规定您须按动车南站的最高票价补交12元票款。王先生补交了12元现金。客服员为其发售付费出站票，并回收折损车票放入客服中心车票回收盒中。王先生持付费出站票检票出站。

【例2-8】某一天，王先生在惠民路站用现金购买了一张至动车南站的普通单程票，票价为 5 元。在进站检票时，王先生将单程票放置于进站检票机读写器上却无任何反应，乘客显示器未显示任何信息，扇门也未开启。王先生前往客服中心询问客服员。客服员与王先生确认情况并将车票放置在 BOM 上进行分析，BOM 无任何分析结果显示。车票票面光洁平整，无人为损坏的痕迹。客服员立即通知客运值班员通过监控视频确定该票是否为本站 TVM 出售。客运值班员通过查询监控确认该张单程票的确为本站 TVM 出售后立即告知客服员，并前往该台 TVM 打印该笔 TVM 交易小单。客服员接客运值班员通知后，为王先生免费发售了一张惠民路站至动车南站的普通单车票，票价为 5 元。王先生持车票检票进站。客服员将无效车票回收，并将其与该笔交易涉及的所有小单一同放入信封内加封上交。

（七）无票处理规定

乘客无票乘车，出站检票时按出闸站的线网最高单程票价补交票款。

【例2-9】某一天，王先生在惠民路站用现金购买了一张至动车南站的普通单程票，票价为 5 元。到达动车南站后，王先生发现原先放置在口袋里的车票不见了。王先生前往客服中心询问客服员。

客服员对王先生解释道："先生您好，根据无票乘车规定您须补交动车南站最高票价 12 元。"王先生补交 12 元现金后，客服员为其在 BOM 上发售一张付费出站票。王先生持该张付费出站票检票出站。

（八）退票规定

单程票没有进站检票记录且票内信息可以读取的，当日内可在购票车站免费办理退票。

乘客持单程票乘车，没有到达目的地车站而在其他车站提前下车时，实际发生的乘车费用与单程票票价的差额部分不予退还。

因轨道交通运营原因导致的退票，乘客可在 7 日内到任意车站免费办理退票。

【例 2-10】2020 年 5 月 5 日，王先生在惠民路站用现金购买了一张至动车南站的普通单程票，票价为 5 元。因列车晚点车站正在播放广播，此时为上午 09:00:00，王先生听闻后选择其他交通工具出行，并未进行退票。

2020 年 5 月 10 日，王先生在惠民路站乘车，至客服中心询问客服员 5 月 5 日因列车晚点未乘车是否可进行退票。客服员将车票放置在 BOM 上进行分析，分析结果显示购票车站为惠民路站，时间为 2020 年 5 月 5 日上午 8:58。购票时间与当日列车晚点时间段 08:50—09:20 吻合。根据规定，由于轨道交通运营原因导致的退票，乘客可在 7 日内到任意车站免费办理退票。客服员与客运值班员共同确认后，客服员按王先生的要求将 5 元现金退还，同时将回收的单程票放入信封加封上交。

本章自测

 一、简述温州轨道交通实行的票制票价。

 二、目前，温州轨道交通的支付方式都有哪些？

 三、车票的报销凭证如何领取？

 四、简述退票的相关规定。

第三章

票务生产架构及职责

第一节　票务工班岗位架构

温州轨道交通线网清分中心系统（ACC）机构共设置了 3 个生产工班，分别为票卡管理工班、收益审核工班、ACC 维护工班。3 个生产工班各岗位层级分明、分工明确，为轨道交通线网做好票卡管理、收益审核、清分结算、数据分析、ACC 维护等工作。

一、票卡管理工班岗位架构简介

票卡管理工班负责各类票卡到货、验收、库管、编码、调配、分拣、清洗、注销、销毁等全生命周期管理及票据管理；负责工作卡申领、补办、延期、申退等办理；负责车站车票监控，事务车票分析等。

票卡管理工班设有票卡工班长、票卡编码员、票卡配收员、库存管理员（账面）、库存管理员（实物），所有岗位实行标准工时。图 3-1 为票卡管理工班岗位层级架构。

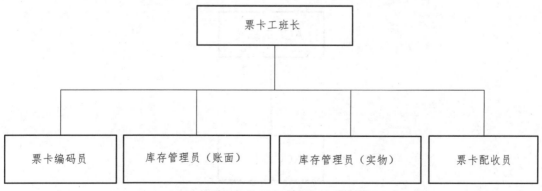

图 3-1　票卡管理工班岗位层级架构

二、收益审核工班岗位架构简介

收益审核工班主要负责审核车站票务报表、设备凭条、系统报表等数据，调查处理异常交易与差异账，编制结算报表；负责开展清分结算，调查处理晚传数据与可疑账，编制清分报表；负责编制票务分析报告，预测客流及收入等。

收益审核工班设有收益工班长、收益审核员、数据分析员、清分结算员，所有岗位实行标准工时。图 3-2 为收益审核工班岗位层级架构。

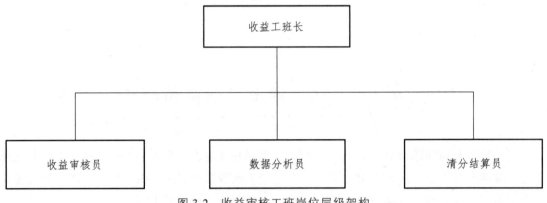

图 3-2　收益审核工班岗位层级架构

三、ACC 维护工班岗位架构简介

ACC 维护工班负责 ACC 运行、监控、维护和管理；负责系统数据库和网络设备配置管理；负责运营参数下发，软件升级，版本控制；负责用户权限管理，黑名单管理；负责交易明细查询，系统二次开发等。

ACC 维护工班设有 ACC 工班长、ACC 维护员。ACC 工班长实行标准工时，ACC 维护员实行综合工时。图 3-3 为 ACC 维护工班岗位层级架构。

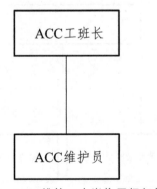

图 3-3　ACC 维护工班岗位层级架构

每个票务工班由工班长和生产员组成。工班长负责把控整个工班生产业务及安全、综合、培训等管理，生产员根据各自分工不同按照工班长的安排开展生产业务。3个工班协调互助，保障线网票务运作有序规范、准确可靠。

一、票卡管理工班岗位职责

（一）票卡工班长

（1）负责根据票务管理工程师制订的生产计划，结合工班在岗人数，制定票卡编码、分拣、清洗、配收等生产任务并落实到人。

（2）负责新票的质量验收、废票销毁。

（3）定期组织盘点票库库存情况，做到账物相符。

（4）负责审核线网票卡、票据库存日报并提交至票务管理工程师。

（5）负责接收工作卡业务申请的电子和纸质资料并复核归档，建立工作卡使用人账户并定期更新和维护。

（6）负责工作卡制卡、发放、检测和回收，并对工作卡新卡及回收卡做好保管和定期盘点。

（7）负责定期检查可疑工作卡交易，并跟踪处理，定期根据用卡部门需求完成工作卡黑名单下发和撤销。

（8）负责配合票务管理工程师制定、调整各项票卡生产作业流程和要求，并提出合理化建议。

（9）负责定期组织召开工班例会，宣贯规章、通知，分析、总结近期工班各项工作等。

（10）负责合理安排、协调各岗位工作，制订票卡配收员与票卡编码员每月岗位轮换计划，及时掌握员工思想状况。

（11）负责票卡、票据安全及与票卡生产相关设施设备的运行安全。

（12）负责监管工班各项生产操作过程，根据作业要求完成生产质量抽检。

（13）执行部门绩效考核制度，按要求对工班人员进行考核。

（14）负责工班各项作业指导工作，定期组织工班业务培训、技能比武、安全教育及新员工岗前培训工作。

（15）负责工班安全工作，强化员工安全意识教育，加强现场安全作业检查。

（16）组织做好工班各类生产台账、安全台账、培训台账及考勤记录管理，并及时向上级汇总反馈。

（17）负责票卡管理办公室、工作卡制卡室的安全、卫生管理。

（18）及时完成上级布置的其他工作。

（二）票卡编码员

（1）负责操作编码分拣机完成各类票卡初始化、预赋值、分拣、注销等操作。

（2）负责操作票卡清洗机完成单程票清洗操作。

（3）负责手工分拣循环票卡中弯折、破损和表面磨损等不宜再投入使用的票卡。

（4）负责分析日常车站上交涉及票款结算的票卡，并提交分析结果供收益审核工班结算。

（5）负责按要求在各生产环节中清点票卡、加封票卡和记录票卡数量差异信息。

（6）负责按要求在各生产环节中准确填写生产台账，记录生产信息和设备状态。

（7）负责清洗室、制票室的安全、卫生管理。

（8）及时完成上级布置的其他工作。

（三）库存管理员（实物）

（1）负责根据票卡、票据种类和状态分区摆放，实时更新库区台账和物料卡。

（2）负责根据出入库单核对出入库票卡、票据数量，并按要求完成交接。

（3）负责根据票卡工班长组织安排每月盘点票库。

（4）负责登记、维护、归档生产过程中产生的各类报表、台账。

（5）与库存管理员（账面）共同负责票库的安全、卫生管理。

（6）及时完成上级布置的其他工作。

（四）库存管理员（账面）

（1）负责根据票卡、票据出入库规则开具出入库单并保管存档。

（2）负责根据出入库单在票务系统中录入出入库明细，并核对系统中各类票卡、票据结存数量。

（3）负责根据票卡工班长安排每月盘点票库。

（4）负责登记、维护、归档生产过程中产生的各类报表、台账。

（5）与库存管理员（实物）共同负责票库的安全、卫生管理。

（6）及时完成上级布置的其他工作。

（五）票卡配收员

（1）负责收取车站手工票务报表、设备凭条等转交收益审核工班。

（2）负责按计划将票卡、票据由票库配送至车站。

（3）负责将票卡、票据存根由车站回收至票库。

（4）负责每日监控车站票务室和设备内票卡库存，跟踪票卡结存差异情况，对票卡结存差异较大的车站进行现场协查。

（5）负责编制线网票卡、票据库存日报并提交至票卡工班长。

（6）负责登记、维护、归档票卡、票据配收过程中产生的各类报表、台账。

（7）及时完成上级布置的其他工作。

二、收益审核工班岗位职责

（一）收益工班长

（1）负责监管收益审核作业流程，检查复核收益审核员的原始报表、台账及结算数据。

（2）汇总相关现金及非现金类收益数据、票务问题，编制票务收入报表并上交至相关工程师。

（3）负责审核票款差异情况统计、补款/退款通知书等报表并发送至相关车站。

（4）负责审核清分结算员制作的线路消费分账报表、清分划账统计表等报表。

（5）负责审核数据分析员制作的各类票务数据分析报告，做好数据的核对与纠错。

（6）负责制作各类待回复事宜公共台账，检查收益审核员各项待回复问题跟踪情况。

（7）负责配合相关工程师制定、调整各项收益审核作业流程和要求，并提出合理化建议。

（8）负责定期组织召开工班例会，宣贯规章、通知，分析、总结近期工班各项工作等。

（9）负责合理安排、协调各岗位工作，及时掌握员工思想状况。

（10）负责收益审核相关各类设施设备运行安全。

（11）执行部门绩效考核制度，按要求对工班人员进行考核。

（12）负责工班各项作业指导工作，定期组织工班业务培训、技能比武、安全教育及新员工岗前培训工作。

（13）负责工班安全工作，强化员工安全意识教育，加强现场安全作业检查。

（14）组织做好工班各类生产台账、安全台账、培训台账及考勤记录管理，并及时向上级汇总反馈。

（15）负责收益审核办公室的安全、卫生管理。

（16）及时完成上级布置的其他工作。

（二）收益审核员

（1）负责审核各类票务报表、终端设备凭条、系统数据、解行数据等，记录票务问题与票款差异。

（2）负责汇总车站票务问题、票款差异，及时与相关车站联系，并做好问题、差异跟踪、调查、处理及记录。

（3）负责制作票款差异情况统计、补款/退款通知书等报表并上报。

（4）负责汇总、核对市民卡、银联商务、二维码 APP 等多元支付系统数据、平台数据，完成差异账及异常订单的记录、调查、跟踪与上报。

（5）负责票务系统审核、退款、补登、调账及结算工作。

（6）负责相关票务收入的结算，完成票务收入报表营收数据填写与上报。

（7）负责统计报表审核过程中发现的各类票务问题、系统异常数据与设备异常状态，对涉及收益安全的异常情况提出解决建议。

（8）负责登记、维护、归档生产过程中产生的各类报表、台账。

（9）及时完成上级布置的其他工作。

（三）清分结算员

（1）负责核对系统清分报表与实际收益的差异，完成差异统计汇总表。

（2）负责针对不同票种的差异情况，根据清分规则，判定清分划账对象，完成待清分构成统计。

（3）负责将特殊情况的差异数据汇总至 ACC 维护工班，调查原因后针对正常交易数据进行清分结算。

（4）负责定期完成消费分账报表以及清分划账统计表的填写和核对。

（5）负责定期完成一票通单边交易以及强制匹配单边的数据统计并记录差额明细。

（6）负责登记、维护、归档生产过程中产生的各类报表、台账。

（7）及时完成上级布置的其他工作。

（四）数据分析员

（1）负责建立及更新客流、收益、票卡等相关数据。

（2）负责定期对线网票务运作情况进行综合统计分析。

（3）负责收集、分析票务的各项统计数据，并做好数据的核对与纠错。

（4）负责根据票务数据周期性编制票务分析报告，并上报工程师。

（5）负责按要求及时完成对票务分析报告的修改与完善。

（6）负责登记、维护、归档生产过程中产生的各类报表、台账。

（7）及时完成上级布置的其他工作。

三、ACC 维护工班岗位职责

（一）ACC 工班长

（1）负责制订 ACC 软件维护计划，并组织实施，确保设备时刻处于良好状态。

（2）接受 ACC 设备工程师的技术指导及指令，配合其开展 ACC 的相关技术管理工作。

（3）落实线网运营参数的编制、转正、发布、同步等。

（4）负责线网运营中的黑白名单管理的具体执行。

（5）配合参与 ACC 设备重大疑难故障处理。

（6）负责配合 ACC 设备工程师制定、调整各项审核作业流程与要求，并提出合理化建议。

（7）负责定期组织召开工班例会，宣贯规章、通知，分析、总结近期工班各项工作等。

（8）负责合理安排、协调各岗位工作，及时掌握员工思想状况。

（9）负责 ACC 相关各类设施设备运行安全。

（10）负责监管工班各项生产操作过程，根据作业要求完成生产质量抽检。

（11）执行部门绩效考核制度，按要求对工班人员进行考核。

（12）负责工班各项作业指导工作，定期组织工班业务培训、技能比武、安全教育及新员工岗前培训工作。

（13）负责工班安全工作，强化员工安全意识教育，加强现场安全作业检查。

（14）组织做好工班各类生产台账、安全台账、培训台账及考勤记录管理，并及时向上级汇总反馈。

（15）负责操作终端室、多功能室、ACC 维护办公室的安全、卫生管理。

（16）及时完成上级布置的其他工作。

（二）ACC 维护员

（1）服从 ACC 工班长安排，执行 ACC 运行监控、软件维护及故障处理工作。

（2）参与线网运营参数的编制、转正、发布、同步等工作。

（3）负责线网运营中的黑白名单的具体下发工作。

（4）负责监控各线路车站的运行模式，发现问题及时上报 ACC 工班长。

（5）配合参与 ACC 设备重大疑难故障处理。

（6）负责登记、维护、归档生产过程中产生的各类报表、台账。

（7）及时完成上级布置的其他工作。

本章自测

 一、简述票卡管理工班、收益审核工班、ACC 维护工班的岗位架构。

 二、简述收益工班长的岗位职责。

 三、简述 ACC 工班长的岗位职责。

 四、简述票卡编码员的岗位职责。

第四章

票卡管理

第一节　密钥卡管理

密钥是一种在明文转换为密文或密文转换为明文的算法中输入的参数。密钥的含义即为秘密的代码,密钥卡可以理解为输入了秘密代码的芯片。轨道交通的密钥,主要与自动售检票（AFC）终端设备的票务交易有关,是轨道交通票务的核心,所以保证密钥卡的安全至关重要。

一、密钥卡种类介绍

密钥卡种类繁多,每一种密钥卡都有自己独特的作用,它们层级分明,又层层相扣,缺一不可。从层级来看,密钥卡大体分为 2 种,高层密钥卡和低层密钥卡。

（一）高层密钥卡

密钥系统由高层密钥搭建。高层密钥卡的主要作用:生成下一层级密钥、初始化空白密钥卡。

（二）低层密钥卡

低层密钥由高层密钥生成。低层密钥卡主要安装在自动售检票终端设备上,用于轨道交通系统中票卡编码、消费、充值等的密钥、认证码的计算。

二、密钥室安全管理

密钥室属关键安全场所，用于存放密钥工作站和密钥卡，所有与工作无关的人员未经许可，不得擅自进入。

（一）密钥室保险柜

为更好地保管密钥卡，密钥室设置有多个保险柜。每个保险柜按要求存放相应层级的密钥卡，且由相关部门负责人或工程师负责保管。

（二）密钥室进出注意事项

（1）开启密钥室的钥匙，由相关专人负责保管，使用时必须做好登记。

（2）密钥室门锁钥匙和存放密钥卡的柜门钥匙保管人员不能擅自将钥匙借给他人。开启密钥室和密钥卡保险柜时钥匙保管人员必须同时到场。

（3）密钥室应保持良好的环境，保证其室温不得高于 30 ℃，湿度为 30%～80%。

（4）任何人不得将任何移动存储设备（U 盘、移动硬盘、软盘等）带入密钥室。

（5）密钥工作完成后，应立即将密钥管理工作站关机。离开密钥室前，须确认断电、关门。

（6）所有进入密钥室人员须做好登记及密钥管理相关工作记录。

第二节　票卡保管要求

票卡主要存放于票库。票卡的保管、清点、加封均由双人负责。票卡管理工班对票库库存票卡进行周期性盘点，确保票卡账物相符。

一、票卡保管通用要求

（1）票卡在任何地点存放时都应注意防折曲、防刻划、防腐蚀、防水、防重压和防高温。

（2）票库票卡由库存管理员（实物）和库存管理员（账面）共同管理。

（3）制票室、清洗室存放的票卡由执行相应生产任务的人员负责管理。

（4）票卡的存放应按票卡种类和状态分开整齐摆放、避免混淆，同时应做到按照票盒体积大小整齐摆放，大不压小、重不压轻、方不压圆、宽不压扁。

二、票卡清点要求

（1）使用票卡清点机时，以连续两次相同的读数为准。

（2）使用编码分拣机进行编码和分拣任务时，以编码分拣机回收箱计数为准。

（3）白票完成初始化任务后，需记录实际编码票卡数量（含废票）与加封数量差异，并注明该批票卡供货商。

（4）回收车站加封的票卡后需重新清点，分站记录重新清点数量与加封数量差异，并注明加封人。

（5）车站上交的票卡，经清点后，如发现存在数量差异，通知责任车站查明原因。

票卡清点机如图 4-1 所示。

图 4-1　票卡清点机

三、票卡加封要求

（一）数　量

已完成生产的票卡，在完成最后一项生产任务后，单程票按 400 张/盒进行加封，不足 400 张的用信封进行加封。库存管理员（实物）应整理同一库存、同一类型的未归整票卡，按单程票 400 张/盒进行加封。

（二）内 容

票卡加封时应双人加封，使用票盒或信封加封。

票盒加封法：用美纹纸以"十字加封法"缠绕票盒，美纹纸上写明加封票种、数量、票值及有效期（如有）等，并于美纹纸骑缝处签章确认（见图4-2）。

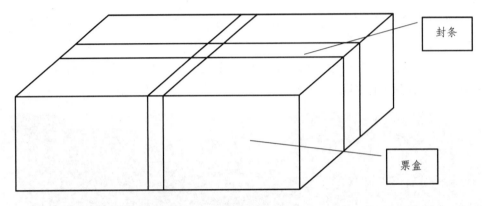

图 4-2　票盒加封法

信封加封法：用美纹纸以"工字加封法"粘贴信封背面骑缝处，在信封正面写明加封人、日期、票种、数量、票值及有效期（如有）等，并于美纹纸骑缝处签章确认（见图4-3）。

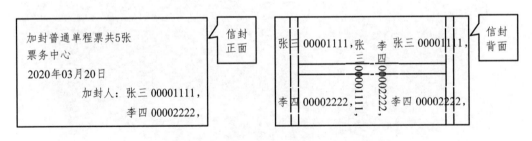

图 4-3　信封加封法

第三节　票卡运作

票卡运作包括票卡验收、编码、分拣、清洗、调配、注销、销毁等业务，涵盖票卡的全生命周期。

一、票卡验收

在新的白票到货入库前，进行票卡验收，验收人员须在 3 天内按要求抽检对应数量票卡，记录抽检结果，并生成该批次的票卡验收报告，作为白票入库的依据。

（一）验收内容

票卡验收内容包括卡片尺寸（长、宽、厚）、400 张票卡厚度差、表面光洁度、读写距离、卡内/卡面号一致性、可读写性。

（二）验收标准

1. 卡片尺寸

用千分尺测量票卡长边和短边长度，数值分别在（85±0.4）mm、（54±0.1）mm 即视为合格。千分尺测量 50 张票卡厚度后求平均数，数值在（0.50±0.02）mm 即视为合格。

2. 400 张卡片厚度差

用千分尺测量 400 张票卡四边厚度，最大值与最小值之差在 12 mm 内即视为合格。

3. 表面光洁度

目测票卡无明显划痕、斑点、凹坑、凸起即视为合格。

4. 读写距离

用直尺测量票卡在桌面读写器可读写的最大距离，不少于 100 mm 即视为合格。

5. 卡内/卡面号一致性

用读卡器读取票卡内芯片号，经转化显示的物理卡号与卡面编号核对一致即视为合格。

6. 可读写性

使用编码分拣机对票卡进行初始化操作后，读取票卡发行区信息正常即视为合格。

二、票卡编码

票卡编码包括单程票初始化、工作卡个性化、票卡注销、预赋值抵消等业务操作。

（一）编码任务制定

票务管理工程师根据票卡库存情况和票卡使用需求制定编码任务。票卡工班长根据编码任务计划和票卡管理工班人员出勤情况制定当天的编码任务。制定编码任务时，需明确待编码票卡种类、任务类型、任务数量、完成时间。针对不同编码任务，还应明确包括票种、有效期、预赋值金额、批次在内的详细票卡信息。

（二）编码操作流程

（1）开启编码工作站及编码分拣机。

（2）票卡工班长登录清分中心系统，按生产计划设定编码任务，发送任务至编码工作站，由票卡编码员在编码工作站上查询获取编码任务。

（3）将待编码票卡装入发票箱并开始发卡。发卡过程中保持对设备状态的监视。一旦出现卡票，应及时暂停发卡，并取下卡住的票卡。

（4）针对一项编码任务，需抽取 2 张完成编码的票卡读取信息，检验实际编码信息与编码任务是否一致，并记录检验结果。

（5）进行编码任务时，须对废票箱内票卡按任务内容重新编码一次。重新编码后仍然进入废票箱的票卡视为废票。

（6）完成票卡编码任务后，须按加封要求对票卡进行加封。

（7）如实填写票卡编码台账，对编码后的票卡和产生的废票办理入库，将编码相关表单交于票卡工班长。

编码操作示意图如图 4-4 所示。

图 4-4　编码操作示意图

三、票卡分拣

票卡分拣包括手工分拣和设备分拣。日常主要对车站上交的废票、无效票、特殊退票等进行分拣。

（一）分拣操作流程

票卡分拣一般先经手工分拣后再进行设备分拣。

1. 手工分拣

分拣人员依照分拣标准，分拣出不能使用的票卡，并做好登记。

2. 设备分拣

票卡编码员根据生产计划安排在编码分拣机工作站设定分拣任务，查询获取并完成任务，分拣出不能使用的票卡，并做好登记。

（二）手工分拣标准

符合以下状况的票卡视为不能继续使用：
（1）票卡票面有折痕的。
（2）票卡票面无折痕但有较大弯曲、扭曲、凸起的。
（3）票卡断裂的。
（4）票卡缺角的。
（5）票卡票面磨损无法辨识卡号的。
（6）票卡被粘贴异物难以清除的。
（7）票卡被涂画严重的或有污渍难以清除的。
（8）票卡分层的。
（9）票卡被穿透的。
（10）票卡被腐蚀严重的。
票卡卡面弯曲、污损如图 4-5 和图 4-6 所示。

（三）设备分拣标准

符合以下状况的票卡视为不能继续使用：票卡无法读写、信息已失效的。

图 4-5   票卡卡面弯曲

图 4-6   票卡卡面污损

四、票卡清洗

视票卡使用后票面的脏污情况，相关人员应定期回收票卡进行清洗。此外，发生重大疫情等特殊情况时，还须对回收清洗的票卡进行消毒。

（一）清洗操作流程

（1）开始使用票卡清洗机前，检查设备的电源线是否插接良好，清洗槽及水箱中是否干净无异物，设备状态是否正常。

（2）洗涤水箱中加入清水、中性洗洁精，并将调配好的清洗液搅拌均匀。往清洗水箱中加入适量清水。

（3）打开票卡清洗机前门，检查空气开关，将马达调速器电源开关设置"ON"的位置；释放急停开关，按下启动按钮。

（4）将待清洗的票卡放入卡箱，票卡会由发卡部件的卡箱中发出，依次进行洗涤、清洗、烘干。

（5）对清洗后的票卡进行清点，每400张一盒装盒加封。

（6）票卡在设备通道内走完，按下红色停止按钮，关闭面板电源开关，将空气开关扳到"OFF"位置，彻底关闭设备电源。

（7）票卡清洗工作结束后，用清水冲洗胶辊、刷辊及清洗槽内壁，同时排空洗涤水箱和清洗水箱，再将排空的洗涤水箱和清洗水箱内壁冲洗干净，避免污物残留。

（8）清洗设备完毕后，将清洗室内物品有序摆放并清扫清洗室。

（9）清洗任务结束后做好票卡清洗登记。

（二）消毒操作流程

发生重大疫情时，须使用84消毒液或紫外线进行票卡消毒。

1. 84消毒液消毒法

84消毒液消毒法适用于大批量票卡消毒。在票卡清洗机洗涤水箱中依次加入清水、中性洗洁精、1∶200的84消毒液。在票卡进入洗涤水箱清洗的同时，84消毒液可对票卡起到浸泡消毒的作用。

2. 紫外线消毒法

紫外线消毒法一般使用紫外线消毒柜，适用于少量票卡消毒。将票卡平铺放入紫外线消毒柜中，使票卡表面与紫外线接触，消毒时间不少于30分钟。

五、票卡调配

票卡调配类型包括票库向车站配发、回收车站票卡到票库。票卡配收员使用配票专用袋或者配票专用箱运送票卡（见图4-7），当调配票卡数量较多时，可申请工程车运送。

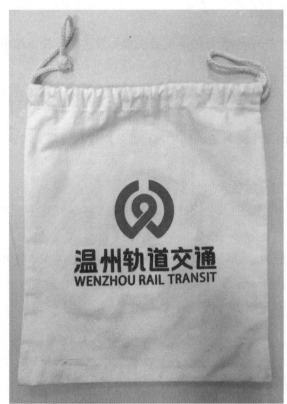

图 4-7　配票专用袋（左）、配票专用箱（右）

（一）配发操作流程

（1）票卡配收员根据配收计划填写票卡配发表单。

（2）票卡配收员到车站按票卡配发表单填写内容配发票卡。

（3）票卡配收员与车站人员交接票卡时，无值票卡按加封数量交接，有值票卡按清点数量交接，未加封的票卡应现场清点后按清点数量交接。单程票若因一次配发数量较多，当时不能全部确认，待车站后续清点发现票卡数量有差异时，保存好原始加封封条及当时清点票卡的监控视频，与票卡管理工班联系，进行后续调查处理。如发现因保管不善等人为原因造成票卡丢失，按规定进行补款。

（4）完成交接后，票卡配收员与车站交接人员在票卡配发表单上签章确认。票卡配发表单一式两联，第一联由票卡配收员带回存档，第二联由车站留存备查。

（5）配发完成后，票卡配收员登记票卡配收台账，票卡工班长检验台账和表单配发内容是否一致。

（6）配发途中，严禁办理与票务无关的业务。

（二）回收操作流程

（1）车站人员按照回收要求填写票卡上交表单。

（2）票卡配收员到车站按票卡上交表单填写内容回收票卡。

（3）票卡配收员与车站人员现场清点交接票卡，如实际清点数量与票卡上交表单数量有差异，由车站查找原因。

（4）完成交接后，票卡配收员按实际清点数量回收，确认实际清点数量与票卡上交表单填写数量一致后签章。票卡上交表单一式两联，第一联由票卡配收员带回存档，第二联由车站留存备查。

（5）回收完成后，票卡配收员登记票卡配收台账，票卡工班长检验台账和表单回收内容是否一致。

（6）回收的票卡当日应办理入库。

六、票卡注销

对于由 ACC 参数设置且已到期到限的票卡，系统可对其进行注销处理。注销票卡不能再投入系统使用，应定期安排销毁。

ACC 可对单张、批量的票卡进行注销操作。所有的票卡注销记录均可在系统内查询。

七、票卡销毁

票卡由于各种原因不能继续循环使用时，应根据运营管理需要定期销毁。

（一）销毁标准

票卡物理损坏，不能恢复使用的票卡。

经 ACC 和人工确认需要销毁的票卡，如经 ACC 注销后的票卡。

（二）销毁流程

（1）安全技术部门根据票务部门提交的票卡销毁计划，进行现场监督票卡销毁工作。

（2）票卡销毁人员根据销毁计划核对票卡的数量和票种。

（3）安全技术部门人员按一定比例进行抽检。

（4）经双方确认后进行物理销毁。销毁的票卡必须完全损烂，绝对不能用任何缝合、胶贴等方法使票卡恢复原貌。

（5）销毁后填写废票销毁单留存。

第四节　票卡设备用房

票卡设备用房包括制票室、清洗室和票库。用于票卡编码、清洗以及票卡出入库等业务活动。票卡设备用房由票卡管理工班相应岗位做好管理。

一、制票室管理

制票室是重要的生产用房，主要存放编码分拣机，用于票卡编码、分拣等生产活动（见图 4-8 ）。

图 4-8　制票室

（一）制票室管理制度

（1）按照安全生产相关规定，定期对制票室进行安全检查，如有异常须及时告知票卡工班长。

（2）非票卡管理工班人员进入制票室须由票卡工班长批准，并由票卡管理工班人员陪同。陪同人员负责提示并监督进入人员做好进出登记。

（3）不得穿高跟鞋进入制票室。

（4）制票室有生产任务时，当日生产任务结束后须完成制票室清扫。无生产任务时，至少保证每周进行一次清扫。

（5）票卡管理工班人员下班前，须确保制票室各种用电设施处于断电状态。

（6）最后离开制票室的人员须保证制票室前后门均处于锁闭状态。

（7）制票室内可以饮水，禁止进食。

（8）进入制票室的（非设备工作）人员，未经许可不得随意动用设备及票卡，不得大声喧哗干扰票卡编码员的正常工作。

（二）编码分拣机管理注意事项

（1）严格按照票卡相关工作流程执行操作，不得随意更改设备设置。

（2）票卡编码员不准随意打开维修面板，不得私自拆卸编码分拣机，不能随意开关 UPS（不间断电源）。

（3）严禁在编码分拣机运行时清洁编码分拣机。

（4）编码分拣机运行过程中，不得移动进票票箱。

（5）编码分拣机运行过程中，严禁将手放在传票装置上。

（6）编码分拣机运行期间，票卡编码员负责监控其运作情况，非特殊情况下不准随意关闭电源。

（7）操作编码分拣机需凭专用密码，不得外泄操作密码或借给他人使用。

（8）对编码分拣机进行测试时，需经票卡工班长同意后，在 AFC 维修人员现场跟进及票卡编码员配合下进行。测试结束后，票卡编码员须在设备维修测试台账上做好测试情况记录。

（9）不得利用设备做与工作无关的事情。

（10）生产结束后，票卡编码员需及时按编码分拣机操作程序退出，并清洁编码分拣机。

二、清洗室管理

清洗室是重要的生产用房，主要存放票卡清洗机，用于票卡清洗（见图4-9）。

图 4-9　清洗室

(一) 清洗室管理制度

（1）按照安全生产相关规定，定期对清洗室进行安全检查，如有异常须及时告知票卡工班长。

（2）非票卡管理工班人员进入清洗室须由票卡工班长批准，并由票卡管理工班人员陪同。陪同人员负责提示并监督进入人员做好进出登记。

（3）清洗室有生产任务时，当日生产任务结束后须完成清洗室清扫。无生产任务时，至少保证每周进行一次清扫。

（4）票卡管理工班人员下班前，须确保清洗室各种用电设施处于断电状态。

（5）最后离开清洗室的人员须保证清洗室门处于锁闭状态。

（6）清洗室内可以饮水，禁止进食。

（7）清洗室应时常进行开窗通风。

(二) 票卡清洗机管理注意事项

（1）严格按照票卡相关工作流程执行操作，不得随意更改设备设置。

（2）清洗人员不准随意打开维修面板、烘干槽盖板，不得私自拆卸票卡清洗机。

（3）严禁在票卡清洗机运行时清洁票卡清洗机。

（4）票卡清洗机运行过程中，严禁将手放在传票装置上。

（5）票卡清洗机运行期间，清洗人员负责监控其运作情况，非特殊情况下不准随意关闭电源。

（6）票卡清洗机设置清洗速度原则上不超过 5 000 张/时。

（7）票卡清洗机长期放置时，应打开水箱盖板、清洗槽盖板、设备下部柜门，保持设备干燥。

（8）不得利用设备做与工作无关的事情。

三、票库管理

票库主要用于存放票卡、票据、与出入库相关票务备品等物品（见图 4-10）。

图 4-10　票库

（一）票库管理制度

（1）按照安全生产相关规定，定期对票库进行安全检查，如有异常须及时告知票卡工班长。

（2）非票卡管理工班人员进入票库须由票卡工班长批准，并由库存管理员（实物）陪同。陪同人员负责提示并监督进入人员做好进出登记。

（3）票库至少保证每周进行一次清扫。清扫项点包括票库地面清扫、操作台台面清扫、桌椅摆放、票卡清点机表面除尘。

（4）票库日常须处于锁闭状态。

（二）票库分区

1. 白票区

白票区存放未经编码分拣机初始化的票卡。

2. 测试区

测试区存放系统设备功能性测试和维修设备时所使用的票卡。

3. 编码区

编码区存放经编码分拣机初始化后的票卡。

4. 赋值区

赋值区存放经编码分拣机预赋值且在有效期内的有值票卡，包括纸票。

5. 废票区

废票区存放失效票卡、损坏票卡。

6. 循环区

循环区存放经手工分拣或设备分拣后循环使用的票卡，包括待清洗、已清洗的循环票卡。

7. 票据区

票据区存放票据、票据存根。
票库货架和储票柜如图 4-11 和图 4-12 所示。

图 4-11　票库货架

图 4-12　票库储票柜

（三）票库日常管理要求

1. 库存管理

在货架充足的情况下，原则上所有票盒需摆放在货架上进行保管。特殊情况无法放在货架时，票卡需加封整齐摆放于票库内，并由库存管理员（实物）做好日常监控管理工作。

2. 对账要求

库存管理员（实物）负责每日核对当日票卡/票据出入库单和库区台账，库区台账统计的出入库记录应与当日票卡/票据出入库单一致。

库存管理员（账面）'负责每日检查清分中心系统内出入库明细与票种库存台账统计是否准确，如有问题应及时向票卡工班长反馈。

3. 盘点要求

票卡工班长、库存管理员（实物）、库存管理员（账面）每月共同对票库进行一次盘点。盘点内容包括票库实际库存、票库库区台账统计库存和清分中心系统统计库存。盘点时应分库区、分票种盘点。无值票卡已加封的按加封数量盘点，零散票卡按实际清点数量盘点；循环使用的有值票卡每月按实际清点数量盘点，不需要循环使用的有值票卡封存于专用储票柜中，每半年盘点抽查一次。完成盘点后应如实填写票库库存盘点记录以及盘点清查报告，并计算实盘与账面差异，如有差异需调查差异原因和责任人。

本章自测

 一、简述票卡清点要求。

 二、简述票卡手工分拣标准。

 三、简述编码分拣机操作注意事项。

 四、简述票库分区及各区存放物品。

第五章

收益审核及结算

第一节　收益审核

收益审核是指对各类票务系统生成的报表、车站提交的票务数据、终端设备产生的凭条等票务基础数据进行核对，以确保各项票务操作的准确性、规范性及票款收益安全。

一、术语及定义

（一）纳入差额进行结算

对客服员进行结算时，认可乘客事务、单程票退票或乘客事务退款等操作涉及的金额，纳入客服员应收金额进行结算。

（二）不纳入差额进行结算

对客服员进行结算时，不认可乘客事务、单程票退票或乘客事务退款等操作涉及的金额，不纳入客服员应收金额进行结算。

（三）客服员交接不清

客服员交接不清指车站客服员交接班时，交班客服员未及时退出半自动售票机（BOM），接班客服员错误使用交班客服员用户和密码进行操作，或客服员车票、现金出现混淆不清的情况。

（四）客服员差异

客服员差异指客服员实收金额与客服员应收金额的差异。实收金额大于应收金额为长款，实收金额小于应收金额为短款。

（五）TVM 差异

TVM 差异指 TVM 实收金额与 TVM 应收金额的差异。实收金额大于应收金额为长款，实收金额小于应收金额为短款。

（六）票款解行差异

票款解行差异指票款实解行金额与票款应解行金额的差异。实解行金额大于应解行金额为长款，实解行金额小于应解行金额为短款。

（七）票卡差异

票卡差异指票卡实点张数与应结存张数的差异。

（八）票据差异

票据差异指车站领取的票据数量与回收的票据存根数量不一致。

二、收益审核工作周期

每周一审核上周五、上周六的报表，每周二审核本周日、本周一的报表，每周三至周五分别审核本周二至本周四的报表，遇节假日根据实际情况进行调整。

三、收益审核内容

（一）系统报表核对

系统报表包括 ACC 报表与 SC 报表。

1. ACC 报表

《TVM 售票收益统计日报表》是 ACC 汇总全线网 TVM 售票收益的报表，在运营日第二天生成。可对某条线路、某个车站、某台 TVM 进行售票张数及金额的查询，同时区分现金、银联闪付、银联二维码等支付类型。《TVM 售票收益统计日报表》对每个车站 TVM 售票收益进行小计,对每条线路 TVM 售票收益进行合计,对全线网 TVM 售票收益进行总计(见图 5-1)。

TVM售票收益统计日报表

运营日期:								单位:			
线路:								生成时间:			
线路	车站	支付类型 / 设备编号	现金		银联闪付		银联二维码		......	合计	
			张数	金额	张数	金额	张数	金额		张数	金额
S1线	xx站	TVM1									
		TVM2									
		...									
		小计									
	...										
	线路合计										
S2线	xx站	TVM1									
		TVM2									
		...									
		小计									
	...										
	线路合计										
...			...								
总计											

图 5-1 TVM 售票收益统计日报表

《BOM 现金收益(设备)统计日报表》是 ACC 按设备汇总全线网 BOM 现金收益的报表,在运营日第二天生成。可对某条线路、某个车站、某台 BOM 进行金额查询,同时区分单程票售票、退票、更新等交易类型。《BOM 现金收益(设备)统计日报表》对每个车站 BOM 现金收益进行小计,对每条线路 BOM 现金收益进行合计,对全线网 BOM 现金收益进行总计(见图 5-2)。

BOM现金收益（设备）统计日报表

运营日期：						单位：	
线路：						生成时间：	

线路	车站	票种类型 设备编号	单程票			一卡通	小计
			售票	退票	更新	更新	
S1线	xx站	BOM01					
		BOM02					
		小计					
	xx站	BOM01					
		BOM02					
		小计					
	...						
	线路合计						
S2线	xx站	BOM01					
		BOM02					
		小计					
	xx站	BOM01					
		BOM02					
		小计					
	...						
	线路合计						
...			...				
总计							

图 5-2　BOM 现金收益（设备）统计日报表

《BOM 现金收益（售票员）统计日报表》是 ACC 按售票员（即车站客服员）汇总全线网 BOM 现金收益的报表，在运营日第二天生成。可对某条线路、某个车站、某位售票员进行金额查询，同时区分单程票售票、退票、更新等交易类型。《BOM 现金收益（售票员）统计日报表》对每个车站 BOM 现金收益进行小计，对每条线路 BOM 现金收益进行合计，对全线网 BOM 现金收益进行总计（见图 5-3）。

BOM现金收益（售票员）统计日报表

运营日期：							单位：	
线路：							生成时间：	

线路	车站	票种类型 / 设备编号	单程票			一卡通	小计
			售票	退票	更新	更新	
S1线	xx站	BOM01					
		BOM02					
		小计					
	xx站	BOM01					
		BOM02					
		小计					
	...						
	线路合计						
S2线	xx站	BOM01					
		BOM02					
		小计					
	xx站	BOM01					
		BOM02					
		小计					
	...						
	线路合计						
...		...					
总计							

图 5-3　BOM 现金收益（售票员）统计日报表

2. SC 报表

《按设备统计交易日报表》是 SC 按设备汇总车站各类票务交易的报表，在运营日第二天生成。SC 安装于所有车站的控制室与票务室内，所统计的票务收益及客流仅为本站数据。SC 对车站 AGM 的进站交易数量、进站交易金额、出站交易数量、出站交易金额进行统计；对车站 BOM 的发售交易数量、现金交易金额、更新交易数量、更新交易金额进行统计；对车站 TVM 的发售交易数量、现金交易金额、第三方交易金额进行统计。车站通过这份报表，可分析进出站客流集中点以调整客流控制方案，根据 BOM、TVM 的收益情况可调整备用金的配备金额（见图 5-4）。

按设备统计交易日报表

运营日期：　　　　　　打印时间：　　　　　　当前车站名：　　　　　　打印操作员：

设备类型	设备编号	发售				更新				进站		出站		……
		交易数量	现金交易金额	第三方交易金额	小计	交易数量	现金交易金额	第三方交易金额	小计	交易数量	交易金额	交易数量	交易金额	
AGM	AGM01													
	AGM02													
	AGM03													
	AGM04													
	AGM05													
	……													
	小计													
BOM	BOM01													
	BOM02													
	……													
	小计													
TVM	TVM01													
	TVM02													
	TVM03													
	TVM04													
	TVM05													
	TVM06													
	TVM07													
	TVM08													
	……													
	小计													
合计														

图 5-4　按设备统计交易日报表

《车站 BOM 收益（设备）统计日报表》是 SC 按设备对车站所有 BOM 的交易数据进行汇总，记录每一台 BOM 的单程票发售数量及金额、单程票更新数量及金额、单程票退票数量及金额、一卡通更新金额及充值金额等。

车站BOM收益（设备）统计日报表

运营日期：　　　　　打印时间：　　　　　当前车站名：　　　　　打印操作员：

设备编号	单程类车票						……	一卡通类车票		银行卡更新	二维码更新	乘客事务	合计
	单程票发售		更新		单程票退票			更新金额	充值金额				
	数量	金额	数量	金额	数量	金额							
BOM01													
BOM02													
小计													
总计													

图 5-5　车站 BOM 收益（设备）统计日报表

《车站 BOM 收益（售票员）统计日报表》是 SC 按售票员对车站所有 BOM 的交易数据进行汇总，记录每一位售票员在 BOM 上的所有操作并对其进行汇总（见图 5-6）。

车站BOM收益（售票员）统计日报表

运营日期：　　　　　打印时间：　　　　　当前车站名：　　　　　打印操作员：

操作员编号	单程类车票						……	一卡通类车票		银行卡更新	二维码更新	乘客事务	合计
	单程票发售		更新		单程票退票			更新金额	充值金额				
	数量	金额	数量	金额	数量	金额							
XXXXXXXX													
XXXXXXXX													
小计													
总计													

图 5-6　车站 BOM 收益（售票员）统计日报表

3. 核对 ACC 报表与 SC 报表

核对《TVM 售票收益统计日报表》与《按设备交易售票收益统计日报表》中 TVM 车票发售笔数、金额是否一致。

核对《BOM 现金收益（设备）统计日报表》与《车站 BOM 收益（设备）统计日报表》中售票、退票、更新等交易金额是否一致。

核对《BOM 现金收益（售票员）统计日报表》与《车站 BOM 收益（售票员）统计日报表》中、退票、更新等交易金额是否一致。

ACC 报表金额与 SC 报表金额不一致时,应将差异发送至 ACC 维护工班调查是否为 ACC 数据漏传、晚传、重复上传等异常情况。

4. 核对系统报表与车站票务报表

核对《BOM 现金收益(售票员)统计日报表》与《客服员结算单》(见图 5-7)中客服员签章、各类交易数据。

核对《TVM 售票收益统计日报表》与《设备补币、清点记录表》(见图 5-8)每台设备营收金额。

客服员结算单

编号：

_____线_____站_____年___月___日   单位：元

时间		从		至		备用金配备		
配票箱编号						金额		
BOM编号						客服员签章		
						客运值班员签章		
票种＼项目		配发张数	增配张数	出售张数		废票	回收张数	小计金额
单程票	普通单程票							
	福利单程票					--		
	付费出站票					--		
	免费出站票					--		
	退票	--	--	--		--		
	合计							
其他票种								
	合计							
结算情况	更新金额						其他退款	
	总计金额							
	实点总金额							
	营收总金额							

备注：1.附《福利票发售登记表》：_____；
2.附《特殊情况车票即时退款记录表》：_____；
3.附《乘客事务处理单》：_____；
4.其他：_____。

客服员签章：   客运值班员签章：

注：一式两联,一联上交票务中心,一联车站留存。

图 5-7 客服员结算单

设备补币、清点记录表　　　编号：

___线___站　　　___年__月__日　　　清点时间：__时__分　　　单位：元

设备编号	补币			硬币钱箱	纸币钱箱								票款收入
	硬币	纸币	小计	小计	纸币回收钱箱				纸币找零钱箱		纸币废币钱箱		
					5元	10元	20元	小计	5元	10元	5元	10元	
金额合计													

备注：1. 监控设备故障情况：_____；
　　　 2. 清点发现异币情况：_____；
　　　 3. 其他：_____。

客运值班员签章：　　　　　　　　　　　　　值班站长签章：

注：一式两联，一联上交票务中心，一联车站留存。

图 5-8　设备补币、清点记录表

（二）车票核对

车站上交的票卡包括每日乘客事务处理相关车票与月度盘点后上交的 AGM 废票、TVM 废票、BOM 废票、车票回收箱废票等。

1. 票卡种类、数量及有效期核对

票卡种类、数量及有效期核对由票卡管理工班负责。

将车站上交的所有票卡加封信封上显示的票卡数相加，并与《车站票卡售存统计表》的备注栏"上交车票张数"进行核对。

对车站上交的票卡进行分析，查询票卡种类、余值、有效期、交易记录等，并记录于《事务车票分析记录表》。

根据《事务车票分析记录表》核对《车站票卡售存统计表》《车票调配单》相关车票种类、数量及有效期等信息。

2. 车票余值核对

票卡管理工班当日将电子版《事务车票分析记录表》发送至收益工班长，每周一将上周《事务车票分析记录表》签字纸质版交至收益审核工班。

收益审核工班根据《事务车票分析记录表》，查验票卡余值是否与《乘客事务处理单》《特殊情况车票即时退款记录表》等记录信息一致。若不一致，应做好相应的票款差异记录，并发送至责任车站。

（三）终端设备凭条核对

终端设备凭条包括 TVM 日结算单（见图 5-9）、TVM 操作凭条（见图 5-10）、TVM 交易凭条（见图 5-11）、BOM 交易凭条（见图 5-12）。须将车站上交的所有终端设备凭条按设备与交易类型进行分类，并根据车站票务报表所记录的信息，核对终端设备凭条的数量与内容。若不一致，应做好相应的记录，并发送车站票务问题。

在 ACC 报表与 SC 报表一致的情况下，将 SC 报表与终端设备凭条进行核对。若不一致，应做好相应的记录，并发送车站票务问题。

```
           TVM日结算单
************************
运营日期：2020-03-10
************************
          钱款收益
一元硬币收入个数：              8
五角硬币收入个数：              0
一元纸币收入张数：              0
五元纸币收入张数：              0
十元纸币收入张数：              1
二十元纸币收入张数：            0
五十元纸币收入张数：            0
一百元纸币收入张数：            0

纸币找零箱1加币金额：          250
纸币找零箱2加币金额：          500
硬币加币金额：                100

硬币找零金额：                  2
纸币找零金额（1箱）：            0
纸币找零金额（2箱）：            0

故障金额       ：               0

硬币收益金额：                  6
纸币收益金额：                 10
本次合计收益：                 16

硬币回收箱已回收金额：         106
纸币回收箱已回收金额：          10
纸币找零箱已回收金额：         750
************************
车站名称：德政站
设备编号：V-9（01361101）
操作员ID：01000000
上次结算时间：20200309220339
结算时间：20200310221540
打印时间：2020-03-10-22-15-41
```

图 5-9　TVM 日结算单

```
          TVM操作凭条
操作类型：硬币补币
车站名称：德政站
设备编号：0136111
操作员编号：01000000
登录时间：2020-03-10 05：39：00
打印时间：2020-03-10 05：39：35
硬币补币箱1加币金额：100
硬币补币箱2加币金额：0
```

图 5-10　TVM 操作凭条

```
          TVM交易凭条
故障类型：扫码支付少出票
支付单号：0143110320200042311
车站名称：德政站
设备编号：01361001
交易时间：2020-03-10 10：16：53
交易信息：
类型：售票业务
票价：4元
请求购票：1张
二维码扣款信息：
扣款金额：4元
票箱出票张数：
出票张数：0张
```

图 5-11　TVM 交易凭条

```
             更新
流水号：0000012077
车站名称：德政站
设备编号：01361001
操作员：01000000
交易时间：2020-03-10 18：50：04
车票类型：单程票
交易类型：超程更新
物理卡号：0104332CFB610000
支付方式：现金
应收金额：1.00元
实收金额：1.00元
找零金额：0.00元
```

图 5-12　BOM 交易凭条

（四）车站票务报表核对

查看《车站营收日报》（见图 5-13）的附表内容与报表袋内实际报表数量、种类是否一致，不一致时首先记录报表填写问题。如填写报表数量大于实际报表数量，询问车站是否有遗漏报表情况，如有则通知车站将遗漏报表立刻送至收益审核工班。

（1）检查线路、站名、日期等内容是否填写齐全正确。

（2）检查车站人员签章、设备编号是否填写齐全正确。

（3）核对计算各区域小计与合计项。

（4）检查报表中不需填写的空格是否用直尺画斜线标识。

（5）检查划线更正法的使用是否正确。

（6）以上项目有差错时均需发送报表填写问题。

车站营收日报

编号：

_____线_____站_____年_____月_____日　　　　　单位：元

票款结存	备用金	兑零送行	兑零返还	票款封包金额	送行金额
本日	¥	¥	¥	¥	¥

票款收入		合计
TVM收入	TVM票款收入	
客服员收入	单程票出售	
	更新	
	单程票退票	
	预赋值票出售	
	月票出售	
	纸票出售	
	其他退款	
	小计	
特殊情况票款		
营收总金额		
补车站短款		
补银行短款		
票款封包金额		

附表

1. 附《福利票发售登记表》_____张；　　　2. 附《票据调配单》_____张
3. 附《封包记录表》_____张；4. 附《特殊情况车票即时退款记录表》_____张；
5. 附《车票调配单》_____张；　　　　　6. 附《车站营收日报》_____张；
7. 附《车站非即时退款申请表》_____张；8. 附《车站票卡售存统计表》_____张；
9. 附《车站票务备用金清点记录表》_____张；10. 附《乘客事务处理单》_____张；
11. 附《特殊情况票款登记表》_____张；12. 附《车站票卡月度盘点表》_____张；
13. 附《客服员结算单》_____张；14. 附《设备补币、清点记录表》_____张；
15. 附《车站票据月度盘点表》_____张；16. 其他：

备注

客运值班员签章：　　　　　　值班站长签章：

注：一式两联，一联上交票务中心，一联车站留存。

图 5-13　车站营收日报

收益结算是指在完成收益审核之后，对票务现金收入、非现金收入进行结算，统计每一个运营日的票务收入并编制票务营收报表。

一、现金结算

（一）结算方式

票务现金收入包括 TVM 收入、客服员收入、特殊情况票款收入。

车站日解行金额计算方法为：TVM 收入+客服员收入+特殊情况票款收入+补短款。收益审核工班完成车站现金收入结算后，形成收入日报上交财务部门。

（二）结算原则

1. 客服员结算原则

同一运营日同一车站客服员进行的所有业务操作合并结算，非客服员上岗期间进行的其他业务操作单独结算。

（1）客服员应收金额和实收金额的确定。

应收金额中操作 BOM 产生的收益数据，以 ACC 报表或数据作为结算依据。若 ACC 报表数据与原始报表数据不一致时，原则上收款类以较大数确定应收金额，退款类以较小数确定应收金额。

应收金额中无须通过操作 BOM 产生的收益数据，以收益审核工班核对后的原始车站票务报表、票务系统报表记录数据确定应收金额。

实收金额为车站票务报表中车站填写的客服员营收总金额。

（2）交接不清的结算处理。

客服员出现交接不清时，车站可以查明涉及票卡张数、现金金额的，相关客服员划拨调账后分别结算。

客服员出现交接不清时，车站无法查明涉及票卡张数、现金金额的，按规定车站必须在《客服员结算单》备注栏注明客服员截至结账时发售的票种及对应张数、备用金、预收票款、实收金额、发现交接不清后的退出时间等信息。若出现以上情况，按照客服员继续上岗的单独结算，双方交接不清的部分合并结算。

根据最终确定的应收金额和实收金额比较，计算客服员长短款。客服员长短款=实收金额－应收金额。每次结算涉及的长款直接入账票款，不知会当事人；每次结算涉及的短款由当事人补还，合并结算的由相关当事人平均承担。

2. TVM 结算原则

（1）TVM 交易数据和实点收入的确定。

① TVM 产生的交易数据，以 ACC 报表或交易记录数据作为审核依据。

② TVM 实点收入以原始车站票务报表或现金库存系统报表记录数据确定。

（2）TVM 差异调整原则。

① 当设备发生少找零或卡币时，经设备数据确认后，允许调整。

② 当设备钱箱故障未清点时，故障当日及清点当日允许调整。

③ 当设备有特殊情况票款时，允许调整。

④ 当设备钱箱装反时，经设备数据确认后，允许调整。

⑤ 当设备硬币补币箱多补币、少补币时，允许调整。

⑥ 当系统数据晚传时，允许调整。

二、非现金结算

（一）结算方式

票务非现金收入包括市民卡收入（一卡通）、银联闪付收入、TVM 聚合码收入、APP 二维码收入。非现金收入计算方法为：市民卡收入+银联闪付收入+TVM 聚合码收入+APP 二维码收入。审核结算结果以非现金收入日报交财务部门。

（二）结算原则

根据 ACC 报表数据分别与温州市民卡服务有限公司、银联商务股份有限公司、支付宝（中国）网络科技有限公司、财付通支付科技有限公司系统进行数据交互对账。

若对账期间发现差异数据，将差异上报工程师进行调查，并联系相关单位查找原因，待达成一致意见后再进行调整。具体操作如下：

1. 市民卡

对确认的市民卡差异数据进行记录，联系市民卡公司由其向乘客进行追款，补款完成后进行差异调整。

2. 银联闪付

确认的银联扣款失败的差异订单，填写相应报表交由财务部门确认差异订单并加盖公司财务章，将盖章的报表扫描件发送银联商务股份有限公司对账人员，联系银联商务股份有限公司由其进行手工预授权完成进行补款，补款完成后进行差异调整。

3. TVM 聚合码

查看银联聚合码 ACC 数据及银联数据，若有差异记录，在 ACC 维护工班后台系统查询明细，对比财务部门提供的银联实际到账数据，若存在差异要做好备注。

4. APP 二维码

下载并记录当日未支付订单和补支付其他日期订单并汇总。

第三节　异常情况处理

票务异常情况包括非即时退款、车站票务问题、票务差异、短款补缴等。车站工作人员及票务工班人员须根据具体业务按规定进行处理。

一、非即时退款

当设备出现卡币、少出票、少找零或出站检票机扣费异常等情况，乘客要求处理，但当场无法确认（找不到相关记录）或确认情况与乘客反映不相符的情况时，及时填写《乘客事务处理凭条》（见图 5-14）、《车站非即时退款申请表》（见图 5-15），并上交收益审核工班。

乘客事务处理凭条　　　　编号：

___年___月___日

事项	□无效纪念票换票　　　　　□非即时退款 □其它：		
申请退款金额（元）		车票ID	
办理线路		办理车站	
备注：			
客服员签章：　　　　　　乘客签字：　　　　　　乘客联系方式：			

注：一式两联，第一联由乘客保管，第二联车站留存。

图 5-14　乘客事务处理凭条

车站非即时退款申请表　　　编号：

____线____站　　　____年____月____日

申请车站		申请退款金额	
设备号		乘客事务处理凭条编号	
情况说明（包括发生日期时间，交易详情，涉及设备情况，乘客信息）：			
当班客运值班员签字		当班值班站长签字	
夜班客运值班员签字		夜班值班站长签字	
AFC维修工班查询结果：			
AFC查询人员			
AFC维修工班意见			
票务中心查询结果：			
票务查询人员			
票务中心意见			

注：一式两联，一联上交票务中心，一联车站留存。

图 5-15　车站非即时退款申请表

（一）车站申请流程

（1）乘客在车站反映 TVM 卡币、少出票、找零不足、出闸机扣费不对等异常情况，车站人员查看设备交易记录、现场监控情况与乘客描述不一致时，填写《车站非即时退款申请表》《乘客事务处理凭条》。

（2）《乘客事务处理凭条》第一联交予乘客，同时告知乘客车站将于 3 个工作日内反馈调查结果。若确认可退款，须凭《乘客事务处理凭条》至指定车站办理。

（3）AFC 维修人员到达现场后，站务人员须陪同并确认其对设备软件、硬件进行故障排查，并将设备检查情况填入《车站非即时退款申请表》"AFC 维修工班查询结果"中。

（4）若发现所卡钱款或票卡，TVM 内所发现金额由客运值班员与客服员/维修人员共同在《特殊情况票款登记表》（见图 5-16）中记录。夜班清点 TVM 箱体发现长款时，应将详情填写在《车站非即时退款申请表》"情况说明"中。

特殊情况票款登记表　　　　　　　　　　　编号：

____线____站　　　　　　　____年____月____日　　　　　单位：元

设备编号	金额		收款人	确认人	面值	数量	发现时间	发现位置/方式
	内部金额	外部金额						
	¥	¥						
	¥	¥						
	¥	¥						
	¥	¥						
	¥	¥						
小计	¥							
备注：								
客运值班员签章：　　　　　　　　　　值班站长签章：								

注：一式两联，一联上交票务中心，一联车站留存。

图 5-16　特殊情况票款登记表

（二）收益审核工班审核流程

（1）收益审核工班收到《车站非即时退款申请表》后，查看车站填写的情况说明（包括发生日期时间、交易详情、涉及设备情况、乘客信息）、AFC 维修工班查询结果、各签章栏信息是否完整。原则上，收益审核工班应在收到《车站非即时退款申请表》当日回复。

（2）若 AFC 维修工班查询结果内容与车站填写的情况说明一致，有该笔交易记录或所卡钱、票，在查询 ACC 数据无误后则同意退款。

（3）若当日故障设备的实际票款营收大于系统数据，且金额与申请退款金额一致，或长款箱体与车站描述情况一致时同意退款。

（4）收益审核员在《车站非即时退款申请表》中填写"票务中心查询结果"并签章，收益工班长将最终是否同意退款填入"票务中心意见"。

（5）若同意退款，收益审核员制作《退款通知书》（见图 5-17），与收益工班长一同签章确认。发送车站关于该笔非即时退款申请处理结果的邮件，并附上《车站非即时退款申请表》《退款通知书》电子版扫描件。若不同意退款，发送车站关于该笔非即时退款申请处理结果的邮件说明不同意退款的原因，并附上《车站非即时退款申请表》电子版扫描件。

退款通知书　　　　　　编号：

根据_____线_____站于_____年____月_____日上交的编号
为：_____《车站非即时退款申请表》内容，经审核后同意（　）/不
同意（　）退款，退款金额为¥_____。

票务中心收益审核员签章：
票务中心收益审核工班长签章：
日期：

图 5-17　退款通知书

（三）车站退款流程

（1）车站接收到关于该笔非即时退款申请处理结果的邮件，若不同意退款，联系乘客做好解释工作。若同意退款，当日根据《退款通知书》通知乘客凭《乘客事务处理凭条》办理退款。

（2）乘客来取退款金额时，车站客服中心用备用金退还乘客，填写《乘客事务处理单》，将《乘客事务处理凭条》作为退款凭证随当日报表一并上交。

（四）收益审核工班后续处理

收益审核工班收到车站上交的《乘客事务处理凭条》后，与相应的《车站非即时退款申请表》《退款通知书》进行核对，核对无误后将 3 份纸质版报表装订归档。如有疑义及时联系车站进行沟通。

（五）关于《票务异常情况处理申诉单》的退款流程

（1）收益审核工班收到车站发送的《票务异常情况处理申诉单》（见图 5-18），制作《退款通知书》，与收益工班长一同签章确认。

（2）发送车站关于该笔申诉单退款的邮件，并附上《票务异常情况处理申诉单》《退款通知书》电子版扫描件。

票务异常情况处理申诉单

		编号：	
乘客姓名		联系方式	
乘车日期		支付方式	
进闸车站		出闸车站	
信息来源		责任车站	
退款原因			
交易记录证明			
处理结果			
处理人签章		处理日期	
ACC退款结果 （ACC工班填写）	□退款成功 □退款不成功 退款不成功原因：		
退款人签章：			

图 5-18　票务异常情况处理申诉单

（3）车站收到邮件当日根据《退款通知书》通知乘客办理退款。

（4）乘客来取退款金额时，车站客服中心用备用金退还乘客，填写《乘客事务处理单》《乘客事务处理凭条》，并请乘客在《乘客事务处理凭条》上签字。车站须将《乘客事务处理凭条》作为退款凭证随当日报表一并上交。

二、车站票务问题

（一）报表及小单漏交

车站在接到漏交车票、终端设备凭条、票务报表等通知后应在 2 个小时内补交至收益审核工班。

（二）报表审核中票务问题处理流程

收益审核员在票务问题核对过程中发现涉及营收数据混乱、可能存在错误操作导致票款差异的，联系责任车站要求其提交《票务问题调查说明》(见图 5-19)。对需要进一步处置的票务问题，收益审核员在接到调查结果当日进行处置。

票务问题调查说明　　　　　　　　编号：

线路：		车站：		
发生日期：		调查期限：	至	
问题类型：				
□票款问题　　　　□票卡问题　　　　□优惠票问题 □发票问题　　　　□其它				
问题简述（票务中心填写）：				
调查详情（车站填写）：				
责任人签章：				
调查人签章：				
事件认定（票务中心填写）：				
票务中心收益审核员签章：				
票务中心收益审核工班长签章：				

图 5-19　票务问题调查说明

《票务问题调查说明》须在票务问题发出后 3 日内回复。调查情况说明包含事件概述、事件认定、其他需说明的信息等。《票务问题调查说明》须所有涉事人员及值班站长签章确认，并加盖车站站名章。

收益审核员收到《票务问题调查说明》后，首先判断是否符合相关规定，内容中涉及的金额、交易等是否正确，认定的结果与事件的描述是否存在矛盾等。若不符合，收益审核员应通知车站，并退回车站处理；若符合相关规定，收益审核员在处理完毕后需将《票务问题调查说明》直接附在相应的报表后作为处理依据。

三、票务差异

（1）票务差异是指在核对报表的过程中，发现系统报表的应收数据与车站实际清缴的票款、票卡数据不一致的情况。

（2）核对、结算过程中发现差异时，先将差异发送至 ACC 维护工班，调查是否存在 ACC 数据漏传、晚传、重复上传等异常情况。根据 ACC 维护工班调查结果确定系统应收。若排除差异为 ACC 系统数据异常，应根据差异类型发送车站差异情况统计（见图 5-20），并要求车站上交《票务问题调查说明》等。

TVM差异情况统计

编号：

单位：元

序号	线路	车站	运营日期	设备编号	操作员姓名（工号）	纸币			硬币			备注
						系统数	实收数	差异	系统数	实收数	差异	

制表日期：　　　　　　　　　制表人：　　　　　　　　　审核人：

图 5-20　TVM 差异情况统计

（3）车站根据具体差异情况统计及《票务问题调查说明》进行调查，3 日内由当事人进行回复并提交《票务问题调查说明》。

（4）若车站提交的《票务问题调查说明》调查结果与原始报表、设备系统报表（数据）等持有信息相一致，根据调查结果进行结算。

（5）若车站提交的《票务问题调查说明》或提供调查结果仍无法确定应收金额、实收金额时，按系统数据结算，对未包含的其他异常情况，根据情况按照最小收益损失原则，确定应收金额、实收金额进行结算。

（6）根据最终确定的应收金额和实收金额比较，计算长短款。

（7）若票务报表遗失，以车站上交报表复印件作为结算依据；若车站确认无法上交报表复印件，按 ACC 报表数据和实际解行金额结算，涉及短款由车站调查确认后的当事人补齐。

（8）如果 2 张报表之间存在较多错误，以基础表的核对结果修正后的数据为结算依据。

（9）车站对差异处理有异议的，可在 3 日内申请复核。

四、短款补缴

差异调查结果确实为车站责任的，则认定为短款。收益审核工班向该车站下发《补款通知书》（见图 5-21）。《补款通知书》一旦下发，就不可更改。

补款通知书　　　　　　　　编号：

_____线 _____站：

日期	短款类型	短款金额	审核员确认	短款责任人	备注
		¥			
		¥			
		¥			
		¥			
合计：	¥				
《差异情况统计》编号：					

请将短款于_____补交并解行。

_____年___月___日

收益审核工班长：

图 5-21　补款通知书

事发运营日当班值班站长直接负责本班组人员的短款补缴工作。

车站员工离职前须交清其所欠短款，在提交离职申请后，原则上不安排其上客服岗及其他与票款有接触的岗位。

第四节　清分结算管理

清分结算是指清分中心系统对温州轨道交通线网中各运营主体进行运营收益分配，即对票务收入按清分规则进行清分与结算。

一、术语及定义

（一）清 分

清分又叫清算，指温州轨道交通线网清分中心按照一定的清分规则将自动售检票（AFC）系统中的合法交易数据对应的资金进行清分，并将清分的结果详细列示。

（二）结　算

结算是指清算商按照清算的结果将资金划拨给相应的收益方账户，完成资金的实际交收。

（三）清分规则

清分规则是指交易金额、费用在不同的利益主体之间进行分配的原则，是 ACC 进行交易清分的依据。

（四）交易数据

交易数据是指乘客购买和使用车票时，由 AFC 设备所产生的数据，包括有值交易数据（如售票、出站、付费更新等）和无值交易数据（如免费更新等）。

（五）单边交易

单边交易是指相对于交易记录完整性，当交易发生 30 天以后，车票出现某项信息缺失。ACC 不对单边交易进行正常清分。

（六）可疑交易

可疑交易是指在清算过程中票务系统无法判断交易有效性需人工查找原因的交易数据，可疑交易 ACC 不进行正常清分。

二、清分原则

将线网线路的站间里程、途径站数、换乘次数、换乘时间、换乘距离、乘车时间、发车间隔、运营服务时间、舒适度等属性作为制定清分规则、建立清分模型和算法的基础，线网线路的各种属性、运营服务水平、客流量（包括换乘）等作为系统可调整参数影响票务收益在各收益方的分配，清分系统结合静态属性和动态属性对线网票务收益进行清分。因而，清分系统的设计要遵循票务收入要精确清分、规则制定要清晰透明、以车站为基本单位、以线路或专户为对象、清分操作规范及时等基本原则。

三、清分规则

清分规则是票务收入在不同的实体间进行合理分配的规则，也是作为清分处理功能进行交易清分的依据。

清分规则是由独立软件功能模块生成的，采用参数化配置、组件式管理，方便后期规则的卸载、更换、升级等，并预留直接导入外来符合内部清分规则的清分规则参数表的功能。随着业务种类的不断延伸扩大，可以对清分规则进行拓展。

清分规则涵盖消费交易、售票交易、退款、退票、更新、服务费用等实际运营中可能出现的情况，保证票务数据正确处理、清分和结算。同时，清分规则支持不同乘车途径、不同票种的清分要求。

（一）票种清分规则

清分规则为每个涉及的线路运营商提供一个清分交易。清分交易中的金额是车票价格的一部分，并且它是由配置数据中的清分比例来决定的。所有清分交易的总金额应正好等于车票金额或者协议运费。

（二）路网结构建模

以轨道交通路网结构为基础建立的清分算法，是建立在严格的数学模型之上的，其通用、灵活、高效快捷，能够生成一套科学、合理的票务清分规则表。依据清分规则表，清分系统能及时、公平地进行票务清分，使清分对象能够获得其应该获取的票务收入。

在清分算法模型中，确定乘车路径是关键。目前确定乘车路径的算法主要有最短路径法和多路径法。根据温州轨道交通网络建设规划和进展状况，现阶段初步确定采用多路径法。

多路径法充分考虑了影响乘客确定乘车路径的各要素后，确定一到多条乘车路径进行清分。这既接近乘客乘车路线的实际选择，也能满足各运营商的利益。

本章自测

 一、简述收益审核工作周期。

 二、简述车票核对的内容。

 三、简述车站退款流程。

 四、简述票种清分规则。

第六章

ACC 维护及数据管理

第一节 ACC 日常巡检

ACC 日常巡检是为了保证 ACC 系统应用程序的正常运行，数据正常传输、统计、对账和清分，清分系统相关业务正常运作等。ACC 日常巡检的内容主要包括 ACC 应用程序巡检和 ACC 工作台巡检两部分。

一、ACC 应用程序介绍及巡检内容

ACC 系统应用程序的主要功能是统一轨道交通 AFC 内部的各种运行参数、收集轨道交通 AFC 产生的交易和审计数据，并进行数据清分和对账，同时负责连接轨道交通 AFC 和城市一卡通清分系统。

（一）通信前置处理程序

ACC 通信前置处理程序，程序名为"MessageServer"，负责与车站 SC 系统的通信。与 SC 通信相关的数据都在通信前置处理程序中查看和处理。

通信前置处理程序查看：通过 xsheel 工具连接进入部署该程序的服务器中，输入"ps -ef|grep Java"，显示如图 6-1 所示的进程则正常。

```
[wzacc@localhost ~]$ ps -ef|grep java
wzacc    37448 36906  0 17:55 pts/0    00:00:00 grep --color=auto java
wzacc    40304 40000  0 4月07 ?        06:22:40 java -Dcom.sun.management.jmxremote -Xmx2g -Xms2g -Xss256k -cp co
m.insigma.acc.wz.messageserver.WZACCMainApp:conf:lib/xstream-1.3.1.jar:lib/xpp3_min-1.1.4c.jar:lib/xmlschema-cor
e-2.0.jar:lib/xml-resolver-1.2.jar:lib/xmlbeans-2.3.0.jar:lib/tlclient.jar:lib/swt-win64-3.7.jar:lib/sunjce_prov
ider.jar:lib/spring-webmvc-2.5.3-sources.jar:lib/spring-webmvc-2.5.3.jar:lib/spring-test-2.5.jar:lib/spring-2.5.
3.jar:lib/SNMP4J.jar:lib/slf4j-log4j12-1.5.11.jar:lib/slf4j-api-1.5.11.jar:lib/sigar.jar:lib/serializer-2.7.1.ja
r:lib/scannotation-1.0.2.jar:lib/RXTXcomm.jar:lib/quartz-1.6.6.jar:lib/poi-ooxml-schemas-3.8-20120326.jar:lib/po
i-ooxml-3.8-20120326.jar:lib/poi-3.8-20120326.jar:lib/persistence-api-1.0.jar:lib/ojdbc8-12.jar:lib/netty-all-4.
1.2.Final:jar:lib/mysql-connector-java-5.1.18-bin.jar:lib/mina-core-1.1.7.jar:lib/log4j-1.2.15.jar:lib/localedat
a.jar:lib/junit-4.4.jar:lib/jta-1.0.1B.jar:lib/jsr250-api-1.0.jar:lib/jna.jar:lib/jfreechart-swt-1.0.8a.jar:lib/
jfreechart-1.0.8-.jar:lib/jface-3.3.0-I20070606-0010.jar:lib/jetty-all-9.3.11.v20160721-uber.jar:lib/jdom-1.0.ja
r:lib/jcommon-1.0.2.jar:lib/javax.servlet-api-3.0.1.jar:lib/javassist-3.6.0.GA.jar:lib/jasperreports-2.0.1.jar:l
ib/jackson-databind-2.4.0.jar:lib/jackson-core-2.4.0-sources.jar:lib/jackson-core-2.4.0.jar:lib/jackson-annotati
ons-2.4.0-sources.jar:lib/jackson-annotations-2.4.0.jar:lib/iTextAsian-1.0.jar:lib/itext-2.0.6.jar:lib/httpcore-
4.4.9.jar:lib/httpclient-4.5.5.jar:lib/hibernate-annotations-3.2.1.ga.jar:lib/hibernate-3.2.5.ga.jar:lib/h2-1.3.
146.jar:lib/groovy-2.4.12.jar:lib/freemarker-2.3.23-sources.jar:lib/freemarker-2.3.23.jar:lib/dwr-3.0.0-RELEASE-
sources.jar:lib/dwr-3.0.0-RELEASE.jar:lib/dom4j-1.6.1.jar:lib/djrpc-djrpc_hack.jar:lib/db2jdbcext.jar:lib/db2jcc
.jar:lib/db2.jar:lib/db2explain.jar:lib/db2graph.jar:lib/db2cmn.jar:lib/connector.jar:lib/commons-pool-1.3.
jar:lib/commons-net-ftp-2.0.jar:lib/commons-net-2.0.jar:lib/commons-logging-1.1.jar:lib/commons-lang-2.3.jar:lib
/commons-io-1.4.jar:lib/commons-exec-1.0.jar:lib/commons-dbcp-1.4.jar:lib/commons-compress-1.1.jar:lib/commons-c
ollections-3.2.jar:lib/commons-codec-1.3.jar:lib/commons-beanutils-1.7.0.jar:lib/Common.jar:lib/com.insigma.comm
ons.validator-1.0b22-v20181207094549.jar:lib/com.insigma.commons.ui-1.0b23-v20181207094503.jar:lib/com.insigma.c
ommons.tools.xdr.viewer-1.0b23-v20181207093757.jar:lib/com.insigma.commons.tools.xdr.parser-1.0b17-v201812070944
41.jar:lib/com.insigma.commons.taskserver-1.0b23-v20181207094356.jar:lib/com.insigma.commons.scheduler-1.0b22-v2
```

图 6-1　通信前置处理程序

（二）文件处理程序

ACC 文件处理程序，程序名为"Fileserver"，负责与车站 SC 系统的文件传输，内容以文件形式保存在文件处理服务器中。与文件传输相关的数据都在文件处理程序中查看和处理。

ACC 文件处理程序查看：通过 xsheel 工具连接进入部署该程序的服务器中，输入"ps -ef|grep Java"，显示如图 6-2 所示的进程则正常。

```
[wzacc@localhost ~]$ ps -ef|grep java
wzacc    22216 21914  0 2019 ?        06:08:56 java -Dcom.sun.management.jmxremote -Xmx2g -Xms2g -Xmn1g -Xss102
4k -XX:+UseParallelGC -XX:ParallelGCThreads=8 -cp com.insigma.acc.wz.fileserver.main.MainApp:conf:lib/xstream-1.
3.1.jar:lib/xpp3_min-1.1.4c.jar:lib/xmlschema-core-2.0.jar:lib/xml-resolver-1.2.jar:lib/xmlbeans-2.3.0.jar:lib/t
lclient.jar:lib/swt-win64-3.7.jar:lib/sunjce_provider.jar:lib/spring-webmvc-2.5.3-sources.jar:lib/spring-webmvc-
2.5.3.jar:lib/spring-test-2.5.jar:lib/spring-2.5.3.jar:lib/SNMP4J.jar:lib/slf4j-log4j12-1.5.11.jar:lib/slf4j-api
-1.5.11.jar:lib/sigar.jar:lib/serializer-2.7.1.jar:lib/scannotation-1.0.2.jar:lib/RXTXcomm.jar:lib/quartz-1.6.6.
jar:lib/poi-ooxml-schemas-3.8-20120326.jar:lib/poi-ooxml-3.8-20120326.jar:lib/poi-3.8-20120326.jar:lib/persisten
ce-api-1.0.jar:lib/ojdbc8-12.jar:lib/netty-all-4.1.2.Final:jar:lib/mysql-connector-java-5.1.18-bin.jar:lib/mina-
core-1.1.7.jar:lib/log4j-1.2.15.jar:lib/localedata.jar:lib/junit-4.4.jar:lib/jta-1.0.1B.jar:lib/jsr250-api-1.0.j
ar:lib/jna.jar:lib/jfreechart-swt-1.0.8a.jar:lib/jfreechart-1.0.8-.jar:lib/jface-3.3.0-I20070606-0010.jar:lib/je
tty-all-9.3.11.v20160721-uber.jar:lib/jdom-1.0.jar:lib/jcommon-1.0.2.jar:lib/javax.servlet-api-3.0.1.jar:lib/jav
assist-3.6.0.GA.jar:lib/jasperreports-2.0.1.jar:lib/jackson-databind-2.4.0.jar:lib/jackson-core-2.4.0-sources.ja
r:lib/jackson-core-2.4.0.jar:lib/jackson-annotations-2.4.0-sources.jar:lib/jackson-annotations-2.4.0.jar:lib/iTe
xtAsian-1.0.jar:lib/itext-2.0.6.jar:lib/httpcore-4.4.9.jar:lib/httpclient-4.5.5.jar:lib/hibernate-annotations-3.
2.1.ga.jar:lib/hibernate-3.2.5.ga.jar:lib/h2-1.3.146.jar:lib/groovy-2.4.12.jar:lib/freemarker-2.3.23-sources.jar
:lib/freemarker-2.3.23.jar:lib/dwr-3.0.0-RELEASE-sources.jar:lib/dwr-3.0.0-RELEASE.jar:lib/dom4j-1.6.1.jar:lib/d
jrpc-djrpc_hack.jar:lib/db2jdbcext.jar:lib/db2jcc.jar:lib/db2.jar:lib/db2explain.jar:lib/db2dgraph.jar:lib/d
b2cmn.jar:lib/connector.jar:lib/commons-pool-1.3.jar:lib/commons-net-ftp-2.0.jar:lib/commons-net-2.0.jar:lib/com
mons-logging-1.1.jar:lib/commons-lang-2.3.jar:lib/commons-io-1.4.jar:lib/commons-exec-1.0.jar:lib/commons-dbcp-1
.4.jar:lib/commons-compress-1.1.jar:lib/commons-collections-3.2.jar:lib/commons-codec-1.3.jar:lib/commons-beanut
ils-1.7.0.jar:lib/Common.jar:lib/com.insigma.commons.validator-1.0b22-v20181207094549.jar:lib/com.insigma.common
s.ui-1.0b23-v20181207094503.jar:lib/com.insigma.commons.tools.xdr.viewer-1.0b23-v20181207093757.jar:lib/com.insi
gma.commons.tools.xdr.parser-1.0b17-v20181207094441.jar:lib/com.insigma.commons.taskserver-1.0b23-v2018120709435
6.jar:lib/com.insigma.commons.scheduler-1.0b22-v20181207094322.jar:lib/com.insigma.commons.report-1.0b27-v201812
07102130.jar:lib/com.insigma.commons.persistence-1.0b25-v20181207094237.jar:lib/com.insigma.commons.native-1.0b2
2-v20181207094207.jar:lib/com.insigma.commons.messageserver.virtualconn-1.0b20-v20181207094606.jar:lib/com.insig
ma.commons.messageserver.tlq-1.0b19-v20181207094421.jar:lib/com.insigma.commons.messageserver.socket-1.0b17-v201
```

图 6-2　文件处理程序

（三）BOM 联机充值程序

BOM 联机充值程序，程序名为"LoadServer"，负责与车站 BOM 终端设备的数据传输及 BOM 终端设备与 ACC 的联机交互。与 BOM 联机充值相关的数据都在 BOM 联机充值程序中查看和处理。

BOM 联机充值程序查看：通过 xsheel 工具连接进入部署该程序的服务器中，输入 "ps -ef|grep Java"，显示如图 6-3 所示的进程则正常。

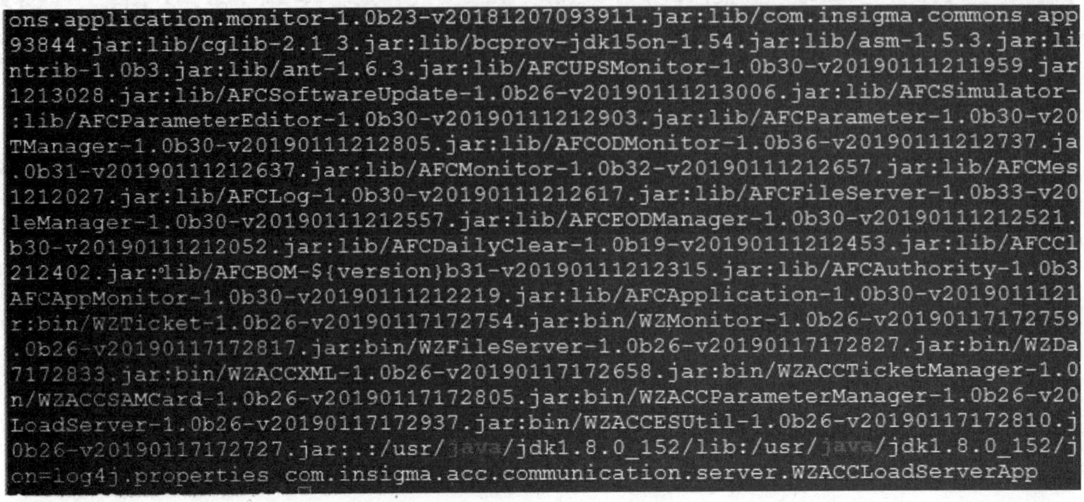

图 6-3　BOM 联机充值程序

（四）计划任务处理程序

计划任务处理程序，程序名为 "Taskserver"，负责 ACC 各类交易按照任务计划定时处理。与计划任务处理相关的数据都在计划任务处理程序中查看和处理。

计划任务处理程序查看：通过 xsheel 工具连接进入部署该程序的服务器中，输入 "ps -ef|grep Java"，显示如图 6-4 所示的进程则正常。

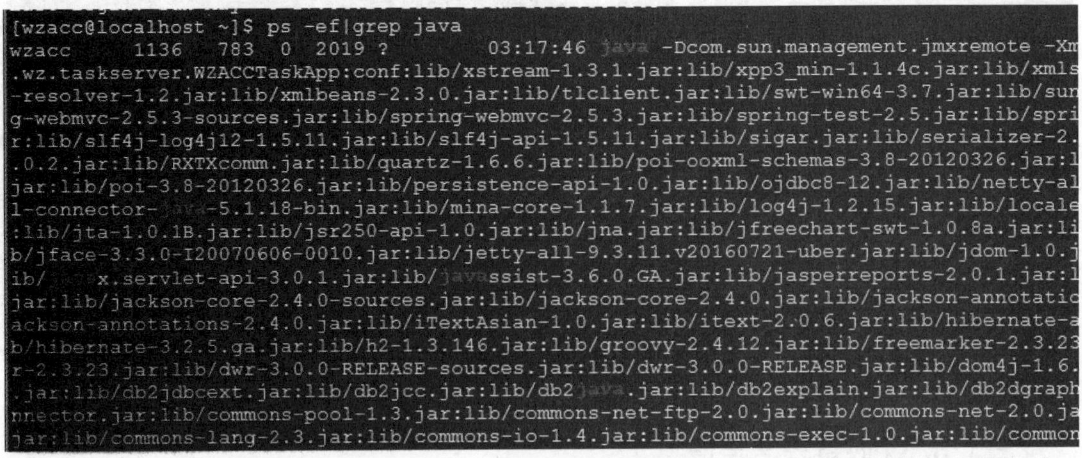

图 6-4　计划任务处理程序

（五）ES 通信前置处理程序

ES 通信前置处理程序，程序名为 "ESMessageServer"，负责 ACC 与 ES 编码设备的通信连接。与 ES 通信前置处理相关的数据都在 ES 通信前置处理程序中查看和处理。

ES 通信前置处理程序查看：通过 xsheel 工具连接进入部署该程序的服务器中，输入"ps -ef|grep Java"，显示如图 6-5 所示的进程则正常。

```
[wzacc@localhost ~]$ ps -ef|grep java
wzacc     29617 29548  0 18:03 pts/0     00:00:00 grep --color=auto
wzacc     38978 38684  0 2019 ?          05:23:25      -Dcom.sun.management.jm
wz.es.messageserver.view.WZESMainApp:conf:lib/xstream-1.3.1.jar:lib/xpp3_min
0.jar:lib/xml-resolver-1.2.jar:lib/xmlbeans-2.3.0.jar:lib/tlclient.jar:lib/st
der.jar:lib/spring-webmvc-2.5.3-sources.jar:lib/spring-webmvc-2.5.3.jar:lib/
5.3.jar:lib/SNMP4J.jar:lib/slf4j-log4j12-1.5.11.jar:lib/slf4j-api-1.5.11.jar
.1.jar:lib/scannotation-1.0.2.jar:lib/RXTXcomm.jar:lib/quartz-1.6.6.jar:lib/
r:lib/poi-ooxml-3.8-20120326.jar:lib/poi-3.8-20120326.jar:lib/persistence-ap
etty-all-4.1.2.Final.jar:lib/mysql-connector-java-5.1.18-bin.jar:lib/mina-co
:lib/localedata.jar:lib/junit-4.4.jar:lib/jta-1.0.1B.jar:lib/jsr250-api-1.0.
t-1.0.8a.jar:lib/jfreechart-1.0.8-.jar:lib/jface-3.3.0-I20070606-0010.jar:li
.jar:lib/jdom-1.0.jar:lib/jcommon-1.0.2.jar:lib/javax.servlet-api-3.0.1.jar:
sperreports-2.0.1.jar:lib/jackson-databind-2.4.0.jar:lib/jackson-core-2.4.0-
0.jar:lib/jackson-annotations-2.4.0-sources.jar:lib/jackson-annotations-2.4.
itext-2.0.6.jar:lib/hibernate-annotations-3.2.1.ga.jar:lib/hibernate-3.2.5.g
vy-2.4.12.jar:lib/freemarker-2.3.23-sources.jar:lib/freemarker-2.3.23.jar:li
ib/dwr-3.0.0-RELEASE.jar:lib/dom4j-1.6.1.jar:lib/djrpc-djrpc_hack.jar:lib/db
b2java.jar:lib/db2explain.jar:lib/db2dgraph.jar:lib/db2cmn.jar:lib/connector
/commons-net-ftp-2.0.jar:lib/commons-net-2.0.jar:lib/commons-logging-1.1.jar
```

图 6-5　ES 通信前置处理程序

（六）ES 文件处理程序

ES 文件处理程序，程序名为"ESFileServer"，负责 ACC 与编码设备的文件传输。与 ES 文件处理相关的数据都在 ES 文件处理程序中查看和处理。

ES 文件处理程序查看：通过 xsheel 工具连接进入部署该程序的服务器中，输入"ps -ef|grep Java"，显示如图 6-6 所示的进程则正常。

```
orframework-1.0b30-v20181207094011.jar:lib/com.insigma.commons.core-1.0b23-v2018120
ma.commons.communication-1.0b23-v20181207093949.jar:lib/com.insigma.commons.binary-
r:lib/com.insigma.commons.authority-1.0b23-v20181207093815.jar:lib/com.insigma.comm
.0b23-v20181207093911.jar:lib/com.insigma.commons.application-1.0b25-v20181207093840
:lib/bcprov-jdk15on-1.54.jar:lib/asm-1.5.3.jar:lib/antlr-3.2.jar:lib/ant-contrib-1.
:lib/AFCUPSMonitor-1.0b30-v20190111211959.jar:lib/AFCUI-1.0b30-v20190111213028.jar:
b26-v20190111213006.jar:lib/AFCSimulator-1.0b32-v20190111212933.jar:lib/AFCParamete
12903.jar:lib/AFCParameter-1.0b30-v20190111212832.jar:lib/AFCOPTManager-1.0b30-v201
Monitor-1.0b36-v20190111212737.jar:lib/AFCMQMessageServer-1.0b31-v20190111212637.ja
20190111212657.jar:lib/AFCMessageServer-1.0b31-v20190111212027.jar:lib/AFCLog-1.0b3
/AFCFileServer-1.0b33-v20190111212119.jar:lib/AFCFileManager-1.0b30-v20190111212557
0b30-v20190111212521.jar:lib/AFCDailyHandle-1.0b30-v20190111212052.jar:lib/AFCDaily
453.jar:lib/AFCCleanCenter-1.0b29-v20190111212402.jar:lib/AFCBOM-${version}b31-v201
thority-1.0b30-v20190111212154.jar:lib/AFCAppMonitor-1.0b30-v20190111212219.jar:lib
0190111212241.jar:lib/activation.jar:bin/WZTicket-1.0b26-v20190117172754.jar:bin/WZ
72759.jar:bin/WZMessageServer-1.0b26-v20190117172817.jar:bin/WZFileServer-1.0b26-v2
ailyHandler-1.0b26-v20190117172833.jar:bin/WZACCXML-1.0b26-v20190117172658.jar:bin/
-v20190117172747.jar:bin/WZACCSAMCard-1.0b26-v20190117172805.jar:bin/WZACCParameter
72736.jar:bin/WZACCESUtil-1.0b26-v20190117172610.jar:bin/WZACCESFileServer-1.0b26-v
ACCApplication-1.0b26-v20190117172727.jar:./usr/java/jdk1.8.0_152/lib:/usr/java/jd
j.configuration=log4j.properties com.insigma.wz.es.fileserver.main.WZESMainApp
```

图 6-6　ES 文件处理程序

（七）市民卡通信程序

市民卡通信程序，程序名为"WZACCYKTAPP"，负责 ACC 与市民卡公司通信传输。与市民卡通信相关的数据都在市民卡通信程序中查看和处理。

市民卡通信程序查看：通过 xsheel 工具连接进入部署该程序的服务器中，输入"ps -ef|grep Java"，显示如图 6-7 所示的进程则正常。

图 6-7　市民卡通信程序

（八）数据中心数据处理程序

数据中心数据处理程序，程序名为"ACCDataServerApp"，负责 ACC 与信息中心数据文件的传输。与数据中心数据处理相关的数据都在数据中心数据处理程序中查看和处理。

数据中心数据处理程序查看：通过 xsheel 工具连接进入部署该程序的服务器中，输入"ps -ef|grep Java"，显示如图 6-8 所示的进程则正常。

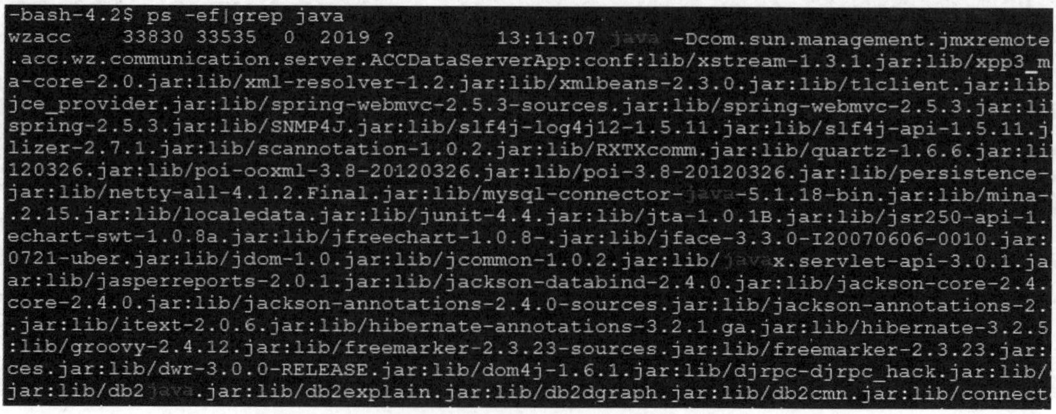

图 6-8　数据中心数据处理程序

（九）综合监控程序

综合监控程序，程序名为“ModbusServerMain”，负责 ACC 与综合监控系统的数据传输。与综合监控数据处理相关的数据都在综合监控程序中查看和处理。

综合监控程序查看：通过 xsheel 工具连接进入部署该程序的服务器中，输入“ps -ef|grep Java”，显示如图 6-9 所示的进程则正常。

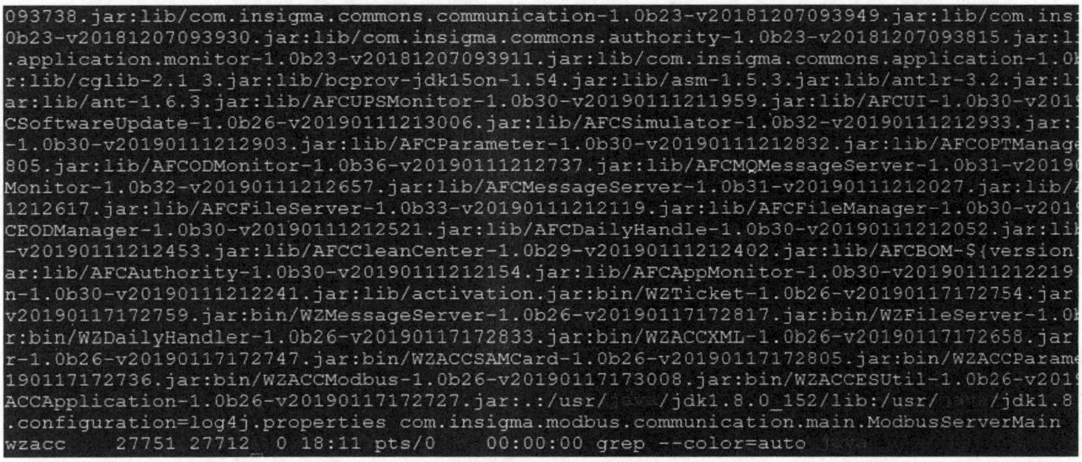

```
093738.jar:lib/com.insigma.commons.communication-1.0b23-v20181207093949.jar:lib/com.ins
0b23-v20181207093930.jar:lib/com.insigma.commons.authority-1.0b23-v20181207093815.jar:l
.application.monitor-1.0b23-v20181207093911.jar:lib/com.insigma.commons.application-1.0
r:lib/cglib-2.1_3.jar:lib/bcprov-jdk15on-1.54.jar:lib/asm-1.5.3.jar:lib/antlr-3.2.jar:l
ar:lib/ant-1.6.3.jar:lib/AFCUPSMonitor-1.0b30-v20190111211959.jar:lib/AFCUI-1.0b30-v201
CSoftwareUpdate-1.0b26-v20190111213006.jar:lib/AFCSimulator-1.0b32-v20190111212933.jar:
-1.0b30-v20190111212903.jar:lib/AFCParameter-1.0b30-v20190111212832.jar:lib/AFCOPTManag
805.jar:lib/AFCODMonitor-1.0b36-v20190111212737.jar:lib/AFCMQMessageServer-1.0b31-v2019
Monitor-1.0b32-v20190111212657.jar:lib/AFCMessageServer-1.0b31-v20190111212027.jar:lib/
1212617.jar:lib/AFCFileServer-1.0b33-v20190111212119.jar:lib/AFCFileManager-1.0b30-v201
CEODManager-1.0b30-v20190111212521.jar:lib/AFCDailyHandle-1.0b30-v20190111212052.jar:li
-v20190111212453.jar:lib/AFCCleanCenter-1.0b29-v20190111212402.jar:lib/AFCBOM-${version
ar:lib/AFCAuthority-1.0b30-v20190111212154.jar:lib/AFCAppMonitor-1.0b30-v2019011121221
n-1.0b30-v20190111212241.jar:lib/activation.jar:bin/WZTicket-1.0b26-v20190117172754.jar
v20190117172759.jar:bin/WZMessageServer-1.0b26-v20190117172817.jar:bin/WZFileServer-1.0
r:bin/WZDailyHandler-1.0b26-v20190117172833.jar:bin/WZACCXML-1.0b26-v20190117172658.jar
r-1.0b26-v20190117172747.jar:bin/WZACCSAMCard-1.0b26-v20190117172805.jar:bin/WZACCParam
190117172736.jar:bin/WZACCModbus-1.0b26-v20190117173008.jar:bin/WZACCESUtil-1.0b26-v201
ACCApplication-1.0b26-v20190117172727.jar:.:/usr/java/jdk1.8.0_152/lib:/usr/java/jdk1.8
.configuration=log4j.properties com.insigma.modbus.communication.main.ModbusServerMain
wzacc    27751 27712  0 18:11 pts/0    00:00:00 grep --color=auto java
```

图 6-9　综合监控程序

二、ACC 工作台介绍及巡检内容

ACC 工作台主要包括参数管理、监控管理、系统管理、任务管理、清算管理、票务管理和 SAM 卡管理等。本节重点介绍每日需巡检的监控管理、任务管理和清算管理模块。

（一）监控管理

1. 监控管理连接状态

ACC 工作台监控管理连接状态包括通信连接状态、数据库连接状态以及与 SC 的连接状态（见图 6-10）。

其中，SC 车站状态绿色图标表示车站处于正常服务模式，说明该车站通信及设备都处于正常服务状态；黄色图标表示车站处于警告服务模式，说明该车站通信正常，但车站有 1/4 的设备处于非正常服务状态；红色图标表示车站处于报警服务模式，说明该车站通信正常，但车站有 1/2 的设备处于非正常服务状态；红色感叹号图标表示该车站处于非正常服务模式；白色带红叉图标表示车站处于离线状态，说明该车站通信异常。

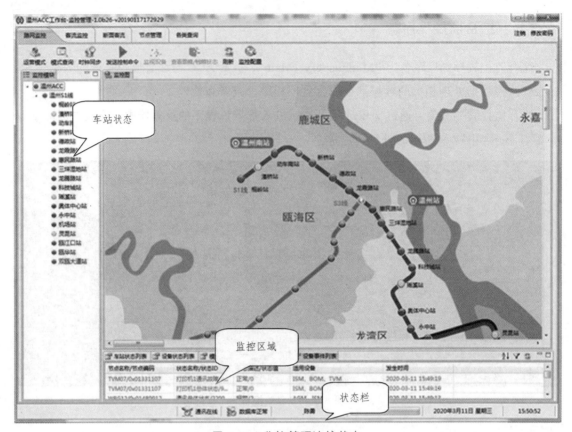

图 6-10　监控管理连接状态

设备监控总体运行状态主要包括：正常、警告、报警、离线和暂停服务（见图 6-11）。其中，绿色图标表示车站设备为正常状态；黄色图标表示车站设备为警告状态，如设备处于关闭状态，钱箱、票箱将空等情况；红色图标表示车站设备为报警状态，如设备故障，钱箱、票箱已空，设备门打开等情况；蓝色图标表示车站设备为离线状态，如设备关机、网络故障等情况；灰色图标表示车站设备处于暂停服务状态，如设备故障不能使用时，由车站人员设置该设备暂停服务。

2. 监控管理巡检内容

监控管理巡检内容包括通信状态、数据库连接状态、车站连接状态、当天系统时间以及客流监控的巡检。

（1）通信状态：实时显示工作台与通信的连接状态；若通信不在线，应立即检查相关通信应用程序的服务状态。

（2）数据库连接状态：实时显示工作台与数据库的连接状态，若数据库连接异常，应立即检查数据库运行状态。

（3）车站连接状态：显示 ACC 与线路车站的通信状态，若车站连接状态异常，应立即联系车站人员检查车站 SC 运行状态。

（4）当天系统时间：工作台所在设备的时间，如工作台时间错误，应立即检查时钟服务器运行状态。

（5）客流监控：显示各车站的实时客流进出站情况，对客流进行监控，若发现异常，应立即检查 ACC 文件处理程序运行状态。

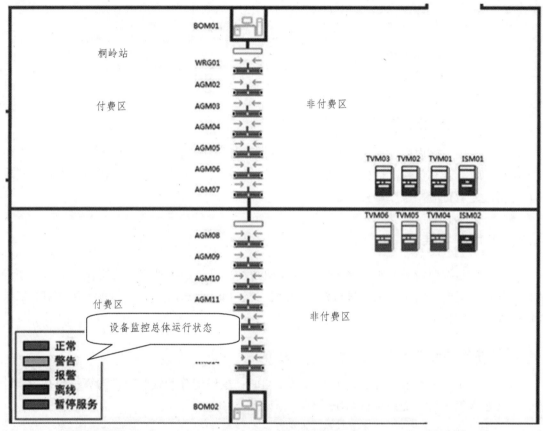

图 6-11　总体运行状态

（二）任务管理

1. 任务管理连接状态

任务计划管理中定义了多个任务，用户可以立即触发某个任务，也可以定时启用某个任务，包括一票通特殊票种预处理、数据库清理、日终报表中间表数据处理、账户表及摘要表的备份、一卡通文件上传、数据中心换乘站换乘客运量文件上传、数据中心断面客流文件上传、数据中心收益数据文件上传、数据中心设备事件文件上传、一卡通文件下载、非单边交易提取、一卡通交互文件清理等任务计划（见图 6-12）。

任务管理监控运行状态主要包括：执行成功和执行失败。其中，绿色表示任务计划执行成功，红色表示任务计划执行失败。

票通特殊票种预处理	一票通特殊票种预处理	循环执行	1 天	无	2019-10-31 01:00:00	触发器已启用	执行成功
数据库清理	数据库清理	循环执行	1 天	无	2019-10-24 03:00:00	触发器已启用	执行成功
日终报表中间表数据处理	日终报表中间表数据处理	循环执行	1 天	无	2019-10-24 04:30:00	触发器已启用	执行成功
账户表及摘要表备份	账户表及摘要表备份	循环执行	1 天	无	2019-10-24 02:00:00	触发器已启用	执行成功
一卡通文件上传	一卡通文件上传	循环执行	12 小时	无	2019-01-17 13:30:21	触发器已启用	执行成功
数据中心换乘站换乘客	换乘站换乘客运量文件...	循环执行	1 天	无	2018-12-27 03:20:00	触发器已启用	执行成功
数据中心断面客流文件...	断面客流上传数据中心	循环执行	1 天	无	2018-12-27 02:50:00	触发器已启用	执行成功
数据中心收益数据文件...	收益数据上传数据中心	循环执行	1 天	无	2018-12-27 03:10:00	触发器已启用	执行成功
数据中心设备事件文件...	设备事件上传数据中心	循环执行	5 分	无	2018-12-26 09:50:39	触发器已启用	执行成功
一卡通文件下载	一卡通文件下载	循环执行	1 天	无	2018-12-26 05:30:00	触发器已启用	执行成功
非单边交易提取	非单边交易提取	循环执行	1 小时	无	2018-12-25 10:46:15	触发器已启用	执行成功
一卡通交互文件清理	一卡通交易文件清理	循环执行	1 天	无	2018-11-21 02:50:51	触发器已启用	执行成功

图 6-12　任务管理连接状态

2. 任务管理巡检内容

任务管理中巡检内容包括对所有任务计划根据其执行时间后的触发状态进行检查，红色表示执行失败，若有任务执行失败，点击立即触发任务尝试再执行一次，若仍未成功，则应检查计划任务后台应用程序运行状态。

（三）清算管理

清算管理指按照清分规则，将乘客在温州轨道交通发生的各种交易费用在运营商、票卡发行商等各个运营参与单位之间进行清分的过程，包括一票通清算、一卡通清算、APP 二维码清算和银联闪付清算。

1. 清算管理连接状态

清算管理中的一票通清算、一卡通清算、APP 二维码清算和银联闪付清算都包括统计、清分、对账数据生成、交易审核与统计任务（见图 6-13）。

图 6-13　清算管理连接状态

清算管理监控运行状态主要包括：执行成功和执行失败。其中，绿色表示任务计划执行成功，红色表示任务计划执行失败。

2. 清算管理巡检内容

清算管理巡检内容包括对一票通清算、一卡通清算、APP 二维码清算和银联闪付清算根据其执行时间后的任务状态进行检查，红色表示执行失败，若有任务执行失败，点击重做功能尝试再执行一次，若仍未成功，则应检查计划任务后台应用程序运行状态。

 第二节　参数下发及软件升级

为了规范 AFC 运营参数下发及软件升级流程，确保 AFC 正常运营，参数与软件版本的控制都由 ACC 统一负责管理。

一、参数下发与系统升级定义

（一）系统软件及系统参数定义

在 AFC 中，按照更新内容不同可分为 AFC 软件和 AFC 参数。

1. AFC 软件

AFC 软件是集成商开发的各种自动售检票系统设备软件的统称，包括工作站软件、服务器应用软件、车站终端设备软件及其主要模块的固件软件、测试软件等其他辅助管理系统。

2. AFC 参数

AFC 参数是由清分中心系统设置并维护的系统参数，包括日历时间参数、车票参数、费率表参数、系统参数等；下发给温州轨道交通线网内车站计算机系统的参数，包括设备软件参数、读写器软件参数；保证清分中心系统本身正常运作需要的系统参数，包括 ACC 操作员信息参数等。

（二）系统时间定义

在 AFC 中，根据系统时间功能划分，系统时间包括系统运营日、系统运营时间、数据上传时间、参数下载时间、系统结算时间、系统清算时间、系统对账时间及数据保存时间等。

1. 系统运营日

系统运营日为从每天 2:00 至次日 2:00 的连续 24 小时。系统的各部分时间设计上将以系统运营日为基准，其中车票"当日有效"也指在系统运营日内有效。

2. 系统运营时间

系统运营时间为每天 5:00 至 23:00，指系统对乘客的服务时间。系统运营开始时，根据系统运营时间自动将各车站设备设置为正常服务状态；系统运营结束后，根据系统运营时间自动将车站设备设置为暂停服务状态。

3. 数据上传时间

数据上传时间由参数设置为某个确定时间或某个确定的时间间隔，可根据运营需要实现即时上传。其中，一票通、一卡通文件数据上传时间间隔为 300 秒，审计文件数据上传时间间隔为 600 秒，SC 出入库单文件数据上传时间间隔为 3 600 秒。

4. 参数下载时间

参数下载时间为每天 1:00，为某个确定的时间，可根据运营需要即时下载。

5. 系统结算时间

系统结算时间为每天 4:00 到 10:00，指每天运营结束后，对系统交易、管理数据、审计数据等进行汇总统计的时间。它规定 AFC 终端设备、SC、ACC 各级结算的起始时间和结束时间。

6. 系统清算时间

系统清算时间为每天 10:00，统一规定清算数据截止时间，以使各对账单位有统一的计算依据。

7. 系统对账时间

系统对账时间为每天 10:00，指系统完成清算后核对各单位清算结果的时间，需要统一规定，以便于各对账单位实施。

8. 数据保存时间

系统及系统终端设备均具备数据保存功能。数据保存时间可通过参数设置。其中，自动售票机、半自动售票机、自动检票机、查询充值机、编码分拣机等终端设备至少可保存 7 日的原始数据，SC 至少可保存 30 日的原始交易数据，ACC 至少可保存 5 年的原始交易数据。

二、参数下发与软件升级要求

为了适用于 AFC 参数下发及软件升级的管理工作，需要对参数下发与软件升级管理工作制定相应要求，包括升级前要求、升级阶段要求和升级过程要求。

（一）升级前要求

在开始 AFC 参数下发及软件升级工作之前，升级负责人须准备好测试方案，由测试人员进行测试，并出具测试报告。参与测试的人员须共同签字对版本进行确认，测试完成后将结果报至升级负责人。

（二）升级阶段要求

涉及参数下发及软件升级必须经过完整的测试。AFC 软件升级一般需经过模拟仿真测试中心测试、单站测试、联调测试和全线推广 4 个阶段。除操作员信息参数和黑名单参数外，其他参数的更新分为模拟仿真测试中心测试、单站测试和全线推广 3 个阶段。操作员信息参数和黑名单参数无须模拟仿真测试中心测试、单站测试，可直接进入全线推广阶段。在 AFC 参数下发及软件升级期间，不得影响 AFC 的正常运营，以确保 AFC 参数下发及软件升级后现场设备的稳定和后台数据的准确。

（三）升级过程要求

原则上节假日不进行升级，一般在周一至周四运营结束后进行。正线的 AFC 参数下发及软件升级前，须备份原版本软件与参数。

三、参数下发与软件升级流程

为了规范 AFC 参数下发及软件升级管理工作，需要制定参数下发与软件升级流程。参数下发与系统升级流程包括测试工作流程和正式下发工作流程。

（一）测试工作流程

在软件开发完毕或参数更新方案确定后，需提前 2 个工作日，准备好参数下发或软件升级测试方案。测试人员根据测试方案在模拟仿真测试中心进行测试，测试内容必须完整。测试结束后，参数下发或软件升级测试人员须出具 AFC 设备功能测试数据记录。

测试完成后，须将 AFC 设备功能测试数据记录结果报至升级负责人。

（二）正式下发流程

单站测试：模拟仿真测试中心测试通过后，AFC 参数下发及软件升级负责人提交 AFC 参数下发及软件升级申请和模拟仿真测试中心测试记录进行审批。经审批后，提前 2 个工作日通知相关部门进行配合。在不影响客流组织的前提下，选择合适的设备进行测试；在设备稳定和后台数据准确的情况下，部署到 1 个或 2 个车站，进行单站测试。单站测试结束后，测试人员须出具 AFC 设备功能单站测试数据记录。

联调测试：须进行联调测试的软件升级，AFC 参数下发及软件升级负责人提交 AFC 参数下发及软件升级申请和前期 AFC 设备功能测试数据记录进行审批。经审批后，提前 2 个工作日，通知相关部门进行配合。在不影响客流组织、设备稳定和后台数据准确的情况下，所有车站各设备类型需挑选 1 台或 2 台进行部署，进行联调测试。联调测试结束后，测试人员须出具 AFC 设备功能联调测试数据记录。

全线推广：全线推广前，AFC 参数下发及软件升级负责人提交 AFC 参数下发及软件升级申请和所有 AFC 设备功能测试数据记录进行审批，经审批后，提前 7 个工作日，通知相关部门进行配合。在不影响客流组织、设备稳定和后台数据准确的情况下，运营结束后，在 ACC 工作台参数管理中，进行参数的发布、同步等工作，进行全线推广；涉及影响客运服务的全线升级，需在升级开始前、完成后电话通知环控调度员，说明升级情况。升级成功后需填写 AFC 参数下发及软件升级台账。

四、异常情况下处理

在 AFC 参数下发及软件升级过程中，如遇到异常情况须立即停止升级工作，保障 AFC 正常运行。

（一）停止升级及更新工作情况

（1）升级造成 AFC 大面积故障的，须立即停止 AFC 参数下发及软件升级工作，并进行版本回退。

（2）升级存在重大安全隐患的，须立即停止 AFC 参数下发及软件升级工作，并进行版本回退。

（3）参数下发及软件升级未通过 AFC 参数下发及软件升级申请审批的，须立即停止 AFC 参数下发及软件升级工作。

（4）除黑名单参数及操作员信息参数外的其他参数在更新时未出具相应测试记录的，须立即停止 AFC 参数下发及软件升级工作。

（5）升级期间违反公司相关安全管理规定的，须立即停止 AFC 参数下发及软件升级工作。

（二）参数下发及软件升级期间异常情况

在参数下发及软件升级期间，出现 AFC 重大故障（全线 AFC 瘫痪，所有终端设备不能正常使用）影响运营时，则应在第一时间保证恢复正常运营，升级工作全部暂停，并将版本回退。同时，对 AFC 软件升级与参数更新的内容重新进行全面评估后，再安排 AFC 软件升级与参数更新。

在参数下发及软件升级期间，如果出现除 AFC 重大故障外的任何异常情况或突发事件，应停止参数下发及软件升级，并将版本回退。

第三节　数据查询

数据查询是指通过查询票务报表系统并筛选相应报表，提取所需基础数据。数据查询是统计整理的初始阶段，也是整个统计整理工作的基础。查询的主要内容包括数据来源及数据组成。

一、数据来源

统计数据来源于票务报表系统。票务报表系统由分析类报表、客流类报表、库存类报表、收益类报表、汇总分析类报表、票卡使用类报表、结算类报表以及维修类报表组成，用于票务数据等的审核和使用（见图 6-14）。

图 6-14　报表系统目录

（一）报表类型

1. 分析类及客流类报表

分析类及客流类报表主要对客流从进站、出站、各车站、各票种等不同角度进行全面分析。报表针对不同主体的客流，按照票种及时间角度进行分析，主要包括进出站客流、单程票客流、断面客流、时段最大断面客流、票种分时进出站客流、车站OD[①]客流以及按设备分类统计单程票客流等相关内容。这为线路和车站客流的重点分析提供了基础数据支持。

2. 库存类报表

库存类报表主要包括中心票卡库存、中心预赋值票卡库存、单程票回收统计以及票卡出入库等明细。它主要说明相关票卡的存量及流通、调配等数量，为票卡管理工班提供票卡数据支持，并完成日常调配及制卡任务。

3. 收益类报表

收益类报表主要包括BOM更新统计按票种、车站、售票员、设备等生成的数据，TVM售票收益统计，一卡通接收交易数据，一票通接收交易数据，二维码交易数据，单边记录，收益统计，电子支付二维码过闸应收明细，电子支付二维码过闸消费，电子支付银联卡应收明细等。收益类报表主要由收益审核员核对ACC数据后，对现金以及非现金的审核和结算，并从中查找可疑账的相关消费记录以及具体时间车站，向第三方进行可疑账的调账及退款。

4. 票卡使用类报表

票卡使用类报表包括系统票卡使用统计以及车站票卡使用统计数据，主要由数据分析员抽取相关数据，进行票卡类的数量统计。

5. 结算类报表

结算类报表包括一卡通交易结算数据、一卡通可疑调整账明细、一卡通可疑账明细、一票通交易结算数据、一票通可疑调整账明细、一票通可疑账明细、收益方消费分账汇总、特殊人群客流与优惠统计、电子支付二维码对账数据等。它主要用于核对ACC与第三方入账信息是否正确，找出其中的可疑账并进行调整，需要与收益类报表进行一对一核账。同时线路清分相关报表也需要结合现金与非现金报表进行清分核账，找出清分金额的来源与差额，并做好登记存档。

---

① OD指起终点，下同。

6. 维修类报表

维修类报表主要包括 SAM 卡状态以及 SAM 卡绑定数据，一般用于实时监控密钥卡的状态。

（二）报表查询

票务报表系统查询操作流程简便，首先选择所需报表种类，点选相应运营日期进行查询，系统即可生成相应报表。

因票务报表系统连接 ACC 数据库，须保证绝对的网络安全，文件无法在 ACC 工作站上查看，需要操作员拷贝至安全 U 盘后，在外网计算机上进行相应的数据统计和结算。

二、数据组成

数据组成指实际用于数据分析的基础内容。这里主要介绍客流、收益、结算、票卡的数据组成。

（一）客流基础数据

（1）进站客流数据。
（2）出站客流数据。
（3）车站 OD 客流统计。
（4）车站分时进出站客流数据。
（5）断面客流数据。
（6）时段最大断面客流数据。

（二）收益基础数据

（1）BOM 现金收益（设备）统计。
（2）TVM 售票收益统计。
（3）电子支付二维码过闸应收明细。
（4）电子支付银联卡过闸应收明细。
（5）银联购票数据。
（6）银联聚合码购票数据。
（7）一卡通接收交易数据。
（8）票卡售卖统计。
（9）二维码交易数据（按城市）。

（三）结算基础数据

（1）一卡通交易结算数据。
（2）一票通交易结算数据。
（3）特殊人群客流与优惠统计。
（4）收益方消费分账汇总。
（5）电子支付二维码对账数据。
（6）电子支付银联卡对账数据。
（7）电子支付银联聚合码对账数据。

（四）票卡基础数据

（1）系统票卡使用统计。
（2）车站票卡使用统计。
（3）票卡售卖统计。

第四节 数据分析

数据分析是指按一定的综合指标完成数据的深层梳理、审核，最终得出相应的结论。数据分析是通过掌握相关的综合指标，得到相应结果的过程，其表现结果需要通过综合指标来进行对比应用。

一、客流指标

（一）客运量汇总

客运量汇总包括本日客运量、月累计客运量、年累计客运量（见表6-1）。通过每日客运量可计算出月累计客运量以及年累计客运量。客运量的单位为万人次。

每日客运量可查询进站客流数据，客运量包括正常客流及工作卡客流。

表 6-1　客运量汇总

本日客运量（人次）		月累计客运量（万人次）	年累计客运量（万人次）	开通至今累计客流量（万人次）
正常客流	工作卡			

【例 6-1】如图 6-15 所示，2020 年 × 月 × 日的正常客流为：

31 195 − 4 599=26 596（人次）=2.659 6（万人次）

| 线路 | 车站 | 客运总量 | 票种类型 | | | | | | | | 计次票 | 市民卡 | | | | 二维码 | 银联卡 | 员工卡 |
| | | | 单程票 | | | | | | | 月票 | 普通卡 | 优惠卡 | 爱心卡 | 优待卡 | | | |
			普通单程票	预赋值单程票	纪念票	一日票	三日票	免费福利票	五折福利票	八折福利票								
温州S1线	永中站	2,704	1,172	0	0	0	0	11	0	5	0	119	11	87	12	871	91	325
	机场站	1,981	1,181	0	0	0	0	8	0	0	0	31	2	14	8	372	39	326
	灵昆站	856	305	0	0	0	0	3	0	8	0	17	7	35	0	282	27	172
	瓯江口站	821	390	0	0	0	0	1	0	3	0	11	3	16	3	200	12	182
	瓯华站	408	168	0	0	0	0	1	0	1	0	9	0	8	1	53	1	166
	双瓯大道站	248	48	0	0	0	0	0	0	3	0	3	2	10	1	14	1	166
本日合计		31,195	13,415	0	5	0	0	117	0	107	0	1,064	122	544	129	9,940	1,153	4,599

图 6-15　客运量统计

（二）客流特征

客流特征指标包括客运周转量、平均运距、客运强度、高峰小时最大断面客运量、列车最大满载率、不均衡系数等。它主要用于从不同角度阐述客流的差异及特征。

1. 客运周转量

客运周转量是指所有乘客乘车里程之和，单位为万人次·公里。需要提取车站 OD 客流统计数据，将所有乘客从车站进站、出站的分布数量与各个车站之间里程的乘积相加，得到客运周转量。

【例 6-2】假设某日仅有 3 人参与试乘，均从 A 站进站，1 人从 B 站出站、2 人从 C 站出站。A 站到 B、C 站距离分别为 8.733 公里、50.502 公里。

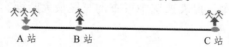

由 A 站到 B、C 站距离分别为 8.733 公里、50.502 公里，可得站间距列表（见表 6-2）。

表 6-2　站间距列表

站点	A 站	—	—
A 站	0	B 站	—
B 站	8.733	0	C 站
C 站	50.502	41.769	0

得到各站 OD 统计表（见表 6-3）。

表 6-3　各站 OD 统计表

站点	A 站	B 站	C 站
A 站	0	1	2
B 站	0	0	0
C 站	0	0	0

由上述 2 个表格可计算客运周转量：

$$8.733 \times 1 + 50.502 \times 2 + 41.769 \times 0 = 109.737（人次·公里）\approx 0.01（万人次·公里）$$

2. 平均运距

平均运距指旅客运输平均运距，是乘客乘坐 1 次车的平均距离，单位为公里。计算公式为：

$$平均运距 = 客运周转量/客运量$$

【例 6-3】由【例 6-2】可知，客运量为 3 人次，客运周转量为 109.737 人次·公里，可得平均运距：

$$109.737/3 = 36.579（公里）\approx 36.58（公里）$$

3. 客运强度

客运强度是指日均客运量与运营线路长度之比，单位为人次/公里。即变量为日均客运量，运营线路长度为定值，如 S1 线线路长度为 53.507 公里。

4. 高峰小时最大断面客运量

全日分时段最大断面客运量是指将单位时间定义为 1 小时，统计出 1 天内各个时间段内的最大断面客运量。全日分时段最大断面客运量一般是不相等的，其中的峰值称为高峰小时最大断面客运量，单位为人次。报表系统中可查询时段最大断面客流数据，选取相应高峰小时客运量数值。

5. 列车最大满载率

列车最大满载率指列车实际载客量与列车定员数（AW2）之比，以百分比形式体现。因实际需要，列车最大满载率需对比车站分时进出站客流数据中每个时段的客运量，选取单向峰值小时客运量与列车定员数相比。

【例 6-4】S1 线定员数（AW2）为 902 人次，假设 1 小时开行 6 列，惠民路站至三垟湿地站区间高峰小时客流为 865 人次，可得到列车在该高峰小时最大满载率为：

$$865/（902 \times 6）= 15.98\%$$

6. 不均衡系数

不均衡系数包括方向不均衡系数和断面不均衡系数，用于分析运输线上的客流密度的时间方向和区段的差异。

方向不均衡系数指单向最大断面客运量之和与双向最大断面客运量之和的平均值之比，公式为：

方向不均衡系数＝单向最大断面客运量之和/双向最大断面客运量之和的平均值

断面不均衡系数指单向最大断面客运量与该时段该方向所有断面平均值之比，公式为：

断面不均衡系数＝单向最大断面客运量/该时段该方向所有断面客运量平均值

可以通过在票务报表系统中提取断面客流数据来计算方向及断面不均衡系数。

【例 6-5】图 6-16 列示了断面客流日报。

线路	路段		上行	下行	小计
	上行车站	下行车站			
温州S1线	桐岭站	潘桥站	561	565	1,126
	潘桥站	动车南站	1,168	1,100	2,268
	动车南站	新桥站	6,165	7,090	13,255
	新桥站	德政站	6,916	7,870	14,786
	德政站	龙霞路站	7,241	8,079	15,320
	龙霞路站	惠民路站	7,705	8,522	16,227
	惠民路站	三垟湿地站	8,083	8,934	17,017
	三垟湿地站	龙腾路站	7,764	8,649	16,413
	龙腾路站	科技城站	7,564	8,377	15,941
	科技城站	瑶溪站	7,378	8,102	15,480
	瑶溪站	奥体中心站	6,979	7,492	14,471
	奥体中心站	永中站	4,904	5,277	10,181
	永中站	机场站	3,170	3,302	6,472
	机场站	灵昆站	1,363	1,758	3,121
	灵昆站	瓯江口站	749	1,095	1,844
	瓯江口站	瓯华站	293	419	712
	瓯华站	双瓯大道站	134	147	281
	合计		78,137	86,778	164,915
总计			78,137	86,778	164,915

图 6-16 断面客流日报

方向不均衡系数：选取上行和下行合计的平均值，选择最大断面客流所在方向的合计客运量与之进行对比。

双向平均值为：（78 137＋86 778）/2＝82 457.5

方向不均衡系数为：86 778/82 457.5＝1.05

断面不均衡系数：选取双向中最大断面客运量为 8 934，与该下行方向所有断面客运量的平均值进行比较。

下行所有客运量平均值为：86 778/17＝5 104.6

断面不均衡系数为：8 934/5 104.6＝1.75

二、数据应用

基于上述客流指标以及相关票卡、收益等报表的取值，形成数据分析每日报告、月度报告、年度报告以及节假日报告。报告中包括客流情况、收益情况、车票情况等内容。

（一）客流情况

客流情况包含累计客流（见表6-4）、总体客流（见表6-5）、车站客流（见表6-6）。累计客流需注意单位的统一，以及相关运营日的统计，单位以万人次为基准。总体客流要使用客流指标计算，注意计算公式及数据要正确。车站客流需区分正常客流以及工作卡客流，并对比分析。

1. 累计客流（见表6-4）

表6-4　累计客流

本日客运量（人次）		月累计客运量（万人次）	年累计客运量（万人次）	开通至今累计客流量（万人次）
正常客流	工作卡			

2. 总体客流（见表6-5）

表6-5　总体客流

指标名称		单位	本日
客运量		万人次	
客运周转量		万人次·公里	
平均运距		公里/人	
客运强度		万人次/公里	
列车最大满载率		%	
负荷强度		万人次·公里/公里	
早高峰（:00—:00）	客运量	人次	
	客流比例	%	
	最大断面客流量	人次	
	满载率	%	
晚高峰（:00—:00）	客运量	人次	
	客流比例	%	
	最大断面客流量	人次	
	满载率	%	
方向不均衡系数		—	
断面不均衡系数		—	

3. 车站客流（见表 6-6）

表 6-6　车站客流

车站	全日						高峰期			
	进站		出站		进、出站合计		:00—:00		:00—:00	
	正常客流	工作卡	正常客流	工作卡	正常客流	工作卡	进站	出站	进站	出站
桐岭站										
潘桥站										
动车南站										
新桥站										
德政站										
龙霞路站										
惠民路站										
三垟湿地站										
龙腾路站										
科技城站										
瑶溪站										
奥体中心站										
永中站										
机场站										
灵昆站										
瓯江口站										
瓯华站										
双瓯大道站										
合计										

（二）收益情况

收益情况分析主要包括营收统计、优惠统计、差异统计以及异地乘车统计。

1. 营收统计

营收统计主要统计线路每日的运营收入明细，并形成营收统计表，得到不同支付方式的收入及运营总收入数据，结合客运量得到平均票价的数值（见图 6-17）。

营收统计表（单位：元）							
站名	现金类		非现金类				运营总收入
	TVM收入	BOM收入	市民卡	银联闪付	TVM聚合码	二维码	
桐岭站							
潘桥站							
动车南站							
新桥站							
德政站							
龙霞路站							
惠民路站							
三垟湿地站							
龙腾路站							
科技城站							
瑶溪站							
奥体中心站							
永中站							
机场站							
灵昆站							
瓯江口站							
瓯华站							
双瓯大道站							
合计							

图 6-17　营收统计表

平均票价（含工作卡）=运营总收入/客运量

平均票价（不含工作卡）=运营总收入/正常客流

2. 优惠统计

优惠统计主要包括市民卡中的普通卡、优惠卡、爱心卡、优待卡和 BOM 发售的福利票等相应减免的优惠金额统计，可从特殊人群客流与优惠统计中调取相应的数据，并按时完成统计和汇总（见图 6-18）。同时，当运输线路在一定时期内进行营销优惠时，也需要统计相应的优惠金额，如银联优惠、APP 优惠活动等。

优惠统计表（单位：元）	
优惠项目	优惠金额
普通卡优惠金额（元）	
优惠卡优惠金额（元）	
爱心卡优惠金额（元）	
优待卡优惠金额（元）	
免费福利票优惠金额（元）	
八折福利票优惠金额（元）	
合计	

（注：各类优惠金额源自 ACC 系统报表）

图 6-18　优惠统计表

3. 差异统计

差异统计主要分析系统报表数据和实际营收之间的差额，确定差额的来源并备注。差额异常情况主要因两种原因导致，分别为设备问题以及人为操作问题。

（1）设备问题：由收益审核工班汇总车站故障信息以及 AFC 维修信息，对设备收益差额进行记录汇总。

（2）人为操作问题：由收益审核工班汇总车站提报信息及 AFC 维修信息。经调查后，向相关车站的票务责任人进行收益追款。

4. APP 二维码异地乘车次数及金额统计

APP 二维码异地乘车是指使用温州轨道 APP 在其他互联互通城市乘坐轨道交通。其次数及金额统计需要在相应的智慧轨道网页上进行查询。

登录智慧轨道统一票务管理平台，选择异地乘车情况及他城乘车情况，选择日期填写数据，并查询票务报表系统中的二维码交易数据（按城市），得到图 6-19。

APP 异地乘车次数及金额统计					
日期	城市	温州 APP 在其他地区使用量		其他地区 APP 在温州使用量	
		数量（人次）	金额（元）	数量（人次）	金额（元）
月 日	上海				
	宁波				
	杭州				
	合肥				

APP 累计异地乘车次数及金额统计				
城市	温州 APP 在其他地区使用量		其他地区 APP 在温州使用量	
	数量（人次）	金额（元）	数量（人次）	金额（元）
上海				
宁波				
杭州				
合肥				

图 6-19　APP 异地乘车次数及金额统计

（三）车票情况

票卡分析包括车票过闸使用情况统计以及单程票发售情况统计。

车票过闸使用情况统计需提取系统票卡使用统计，选取图 6-20 进站列中相应单元格数据。

系统票卡使用统计日报

运营日期：
线路：　全部　　　　　　　　　　　　　　　　　　　　　　单位：笔、元
票种：　全部　　　　　　　　　　　　　　　　　生成时间：2020-04-09 09:09:02

线路	交易类型 票种小类	售票		退票		更新		进站		出站		扣款		合计	
		笔数	金额	笔数	金额	笔数	金额	笔数	金额	笔数	金额	笔数	金额	笔数	金额
温州S1线	单程票														
	纪念单程票														
	预充值单程票														
	免费福利票														
	一日票														
	三日票														
	5折福利票														
	8折福利票														
	付费出站票														
	免费出站票														
	普通非记名计程票														
	普通记名计程票														
	纪念计时票														
	月票														
	纪念计次票														
	员工工作卡														
	记名临时工作票														
	临时工作票														
	委外工作票														
	限次工作月票														
	车站工作票														
	银行卡														
	二维码单程票														
	市民卡														
	优惠卡														
	爱心卡														
	优待卡														
	小计														
总计															

图 6-20　系统票卡使用统计日报

选取上图数据后，进行过闸占比的统计（见图 6-21）。针对不同过闸方式的占比统计，可以提出相应的合理化营销措施，加大非现金支付形式的使用率。

车票种类	使用量	使用比例
（1）单程票类		
① 普通单程票		
② 免费福利票		
③ 八折福利票		
④ 预制单程票		
（2）市民卡		
① 普通卡		
② 优惠卡		
③ 爱心卡		
④ 优待卡		
（3）二维码过闸		
（4）银联卡过闸		
（5）工作卡		
① 员工工作卡		
② 临时工作卡		
③ 委外工作卡		
④ 限次工作月卡		
⑤ 车站工作卡		
（6）纪念票		
（7）一日票		
（8）月票		
（9）应急纸票		

图 6-21　车票过闸使用分析表

单程票发售情况统计主要汇总票卡售卖统计中相关数据，针对不同发售单程票类型计算发售比例与环比（见图 6-22）。通过计算结果，有计划地调整发售方式及种类推广。

单程票发售情况统计								
单程票种类	普通单程票			免费福利票	8折福利票	付费出站票	免费出站票	合计
	现金购票	银联购票	TVM 聚合码					
发售量								
发售比例								
环比								

图 6-22　单程票发售情况统计

同时，结合车票过闸情况统计，可得到乘客实际出行过程中选择卡种的比例，也能与上月相同种类数据进行对比，掌握乘客出行使用种类的数量趋势（见图 6-23）。

车票过闸情况统计										
车票种类	单程票	市民卡				银联卡	二维码	纪念票	工作卡	应急纸票
		普通卡	优惠卡	爱心卡	优待卡					
使用量										
使用占比										
环比										

图 6-23　车票过闸情况统计

本章自测

一、ACC 日常巡检中，ACC 应用程序包括哪些?

二、AFC 软件与 AFC 参数的定义。

三、票务报表系统包括哪几类报表?

四、简述不均衡系数及其计算公式、报表依据。

第七章

车站票务运作

第一节 车站票务运作内容

车站票务运作包括票务现金管理、车票管理、票据管理、票务钥匙管理、票务备品管理、票务管理用房管理以及 AFC 设备的操作等。票务管理专业性强，需要员工有良好的理论和实操能力，本节重点阐述车站票务工作的主要内容。

一、票务现金管理

车站票务现金由票务备用金与票务收入两部分组成。车站现金只能存放在车站现金安全区域，如 AFC 票务室、客服中心（含临时票亭）、TVM。当需要对现金进行操作时，时刻注意在摄像监控下进行。同时，操作人员必须有合规的身份和符合安全要求的监督人进行现金的清点及交接。现金从一个安全区域转移到另一个安全区域或者送银行解款时，必须做好途中安全防护。

运营期间，非当班票务工作人员进入 AFC 票务室和客服中心（含临时票亭），必须取得车站值班站长或以上人员的许可，进入 AFC 票务室应由一名当班客运值班员陪同。非运营期间，除需在 AFC 票务室进行现金处理的人员外，任何人员不得进入。

现金交接过程中，对已加封的备用金，交接班双人确认加封正确完好后凭加封数目交接；对零散的备用金、票款，交接班双人须当面清点后签章确认交接。

（一）票务备用金管理

票务备用金由车站根据客流及其他相关情况配备，只能用于银行兑零，补充 TVM，客服中心找零以及特殊情况下站间借用。

备用金为固定数额，遇大型节假日可根据需要增配临时备用金，由车站根据预计客流情况确定临时备用金需求量，按规定提前 10 个工作日提出申请并在节假日后 5 个工作日内归还。

车站站长为车站票务备用金的领用责任人，值班站长、客运值班员负责保管和配发的具体操作并进行每月盘点。原则上车站在票务运作过程中不造成票务备用金的差额，若产生备用金差额时，由责任车站承担。车站与银行兑零时发生差错，若查明为车站原因，则由责任车站承担。

车站票务备用金的使用应遵循专款专用的原则，不准挪作他用。原则上票务备用金不允许站间借用。遇特殊情况，经审批后，可以站间临时借用票务备用金。

（二）票务收入管理

车站票务收入流程如图 7-1 所示。

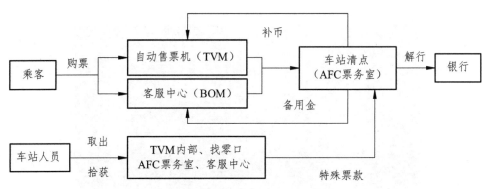

图 7-1　车站票务收入流程

车站票务收入管理包括 TVM 收入、BOM 收入和特殊情况票款。站务人员或 AFC 维修人员在 TVM 内部、找零口发现并取出的所卡现金，以及在 AFC 票务室、客服中心内发现的除备用金与正常票务收入外的现金均视为特殊情况票款，均须交至当班客运值班员。当班票务收入必须与票务备用金进行区分保管。车站应遵循票款及时解行，不得违规截留与坐支的原则。

二、车票管理

运输行业与其他行业不同的是需要乘坐凭证，即单程票。车票使用流程如图 7-2 所示。以下针对车票的安全管理、交接及使用等过程，逐点阐明。

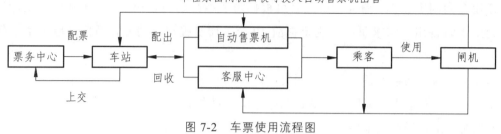

单程票由闸机回收可投入自动售票机出售

配票　　　　配出　　　自动售票机　　　　使用
票务中心　　　车站　　　　　　　　　　乘客　　　　闸机
　　　　　　　　　回收　　客服中心

上交

图 7-2　车票使用流程图

（一）车票安全管理

（1）车票只能存放于 AFC 票务室、客服中心（含临时票亭）、TVM、BOM、出站闸机、车票回收箱，除特殊原因外，不得放置在其他地点。

（2）对有值车票，均应根据票种归类存放于上锁的专票柜或保险柜中；其他车票应按车票类型（闸机回收票、闸机废票、TVM 回收票、TVM 废票等）归类存放于固定的票柜（见图 7-3）。

图 7-3　票柜

（3）有值车票在运送途中，一律放在上锁的售票盒（见图 7-4）中，由 2 名员工负责运送。

图 7-4　售票盒

（4）保管车票时，注意防折曲、刻划、腐蚀、防水、重压和高温等。

（二）车票交接

车票交接原则是交接已加封车票时，接班人确认加封正确完好后可凭加封数量交接，零散车票按照实点数量交接。

（三）车票加封规定

所有车票的加封均需由参与清点的人员负责加封，原则上要求双人加封。加封后必须保证一经破封则无法复原。

（四）车票开封、清点原则

有值车票若需开封、清点时，需由客运值班员及另一名车站员工在视频监控状态下完成；无值车票的开封、清点，可由客运值班员或以上级别人员在视频监控下单人开封清点。

（五）车票配发

（1）当班客运值班员负责接收票卡管理工班配发的车票。

（2）车站当班客运值班员负责和票卡配收员交接，依据表单当面检查车票包装及封条是否完好，确认封条与配发单据所写票种、数量一致。

（3）当班客运值班员将车票存放在票柜，如果发现车票的实际票种、数量、有效期与表单不符时，车站按实际情况接收车票录入库存。

（六）车票的盘点

（1）每月 25 日运营结束后应回收所有设备内、客服中心（含临时票亭）及车票回收箱的车票，并对回收的车票及 AFC 票务室库存车票按票种、金额、可循环/不可循环进行清点。

（2）盘点时除配发至车站尚未拆封的车票可按加封数量盘点外，其他车票均需清点实际数量。

（3）车站发现车票的实际数量与当天 SC 中记录数量不符时，应于第二天上报。

（七）车站车票需求的提报

（1）车站向票卡管理工班提报任何时间的车票需求，都须提出申请，明确所需车票、票种、数量、到位时间。

（2）车站提报预制单程票需求，须提前 2 个工作日通知票卡管理工班。

（八）站间调票

（1）节假日出现大客流等特殊情况，申请批准后，方可进行站间调票。

（2）车票调入站客运值班员和调出站客运值班员交接，双人当面清点车票种类、数量，与表单核对无误后在单据上签章。

（3）因保管不善等人为原因造成的车票丢失，须按规定补款。

（九）遗失车票的补款原则

（1）遗失无值车票，按照车票成本费补款；遗失有值车票，按照车票的成本费加该票赋值金额补款。

（2）遗失纸票时，按照车票的票面值补款。

三、票据管理

票据包括 2 元、3 元、5 元、10 元、50 元等面额的定额发票。

（一）票据使用

票据应按照规定的时限与号码顺序自小到大逐本使用。

（二）票据保管

（1）票据的保管是指对尚未发放的发票及已经派发的发票存根联进行专门的保存管理。

车站应妥善保管发票，不得丢失。

（2）车站票据的保管由当班客运值班员负责，同时应当建立票据使用登记制度，及时记载发票领用、移交、使用、保管等情况，一年一归档。

（3）每月最后一天，需对车站范围内所有结存未使用的发票及已派发的发票存根联进行盘点，填写相关票据盘点报表并留存备查。

（4）入库 AFC 票务室的票据由客运值班员负责保管、交接、配发、清点等工作。

（5）客服中心的票据由客服员负责保管、交接、派发、上交等工作。

（6）票据丢失任一联次，责任车站应于丢失 2 个工作日内连同书面说明上报。

（三）票据交接

（1）在监控设备下，票据交接必须由车站当班工作人员双人（其中一名为当班客运值班员）当面清点后签章确认交接。交接时若发现数目有误，应及时上报，并调查处理。

（2）交接已加封票据时，接班人确认票据按号码顺序每十本连号十字加封，加封正确完好后可凭加封数目交接，零散票据按照实点数量交接。

（四）票据加封

（1）票据入库时，按号码顺序每十本进行十字加封。

（2）票据存根联入库时，按号码顺序每十本进行十字加封。若票据存根联入库未满十本或不连号，暂不加封。

（五）站间调配

（1）节假日出现大客流等特殊情况，申请批准后，方可进行站间调配。

（2）票据调入站客运值班员和调出站客运值班员交接，须双人当面清点票据面值、数量，与表单核对无误后在单据上签章。票据存入票柜并入库。

四、票务钥匙管理

（一）票务钥匙日常保管

（1）配置成套票柜钥匙、保险柜钥匙需锁闭在 AFC 票务室钥匙盒内。

（2）AFC 票务室钥匙盒钥匙与盒内钥匙均由客运值班员负责交接、保管。

（3）票务相关备用钥匙编号封存于站长室保险柜内，每次使用后需重新加封。

（4）票务相关钥匙每月盘点一次，清点记录需有双人（其中一名为当班客运值班员）确认签字。

（5）票务相关备用钥匙由值班站长负责交接、保管。

（6）随身携带票务钥匙当班站务人员即为票务钥匙保管人。

（二）票务钥匙交接

（1）在监控设备下，票务钥匙交接必须由车站当班工作人员双人（其中一名为当班客运值班员）当面清点后签章确认交接。交接时若发现数目有误，应及时上报，并调查处理此事。

（2）交接已加封钥匙时，接班人确认钥匙加封正确完好后可凭加封数目交接，零散钥匙按照实点数量交接。

（三）票务钥匙报废

钥匙报废时，由使用车站汇总后申请报废。所有报废钥匙在移交时，需由车站分类加封，必须注明加封内容（钥匙名称、数量等）、加封车站、加封人和加封日期，并加盖车站专用章。移交时需要做好记录。

（四）票务钥匙申领

车站钥匙损坏或遗失时，车站应及时组织调查并填写申领单申领，相关负责人视情况处理，禁止虚报、瞒报、弄虚作假，如若发现，将严肃处理。遗失票务钥匙的责任人按照相关规定处理。

五、票务备品管理

票务备品包括：钱箱、票箱、点钞机、验钞机、纸币清分机、点币机、点票机、尾箱、票柜、保险柜、售票盒（配票箱）、车票回收箱、票务手推车等（见图7-5）。

车站客运值班员负责票务备品的保管、使用及交接，并须记录票务备品的数量、状态等，故障时及时报修和跟进维修情况。车站人员在使用票务备品时，须轻取、轻放，正确使用票务备品，保持票务备品清洁，避免损坏备品、伤及自己和他人。

车站使用点币机、点票机、纸币清分机前后，均须检查是否有遗留现金、车票。发现遗留现金、预制单程票时要及时报站长，并在交接本上做好记录。车站使用票务专用手推车、售票盒（配票箱）前要确认状态良好后方可使用。使用时不要碰伤自己或乘客，同时要注意保护好车站其他的服务设备设施，避免损坏。每月最后一天，需对车站范围内所有票务备品进行盘点，填写相关报表并留存备查。

图 7-5　票务备品图例

六、票务生产用房管理

车站票务生产用房管理包括对 AFC 票务室、客服中心等车站票务生产用房的管理。

车站票务生产用房管理规定：

（1）任何人未经许可，不得擅自进入票务生产用房。

（2）票务生产用房的人员不得携带任何易燃、易爆、腐蚀性、强电磁、辐射性、流体物质等对设备正常运行构成威胁的物品。

（3）车站票务生产用房内禁止存放与工作无关的物品。

（4）工作人员出入房间要关好门，保管好钥匙及工作卡。

（5）车站票务生产用房内严禁喧哗、嬉闹、闲谈，须保持房间内安静，任何人应正确使用各类设备，严格按照相关操作流程进行作业，严禁私自拆卸设备部件。

（6）未经允许，严禁使用房间内计算机光驱、软驱、USB 接口及网口。

（7）车站票务生产用房内计算机设备不得接入外网。操作任务结束后应及时退出至登录状态，防止计算机被他人盗用。

（8）严禁在票务管理系统设备上进行与工作无关的操作。

（9）对车站票务生产用房内票务管理系统的设备配备、设置等技术资料进行严格保密。

（10）车站票务生产用房若发生设备运行异常、断电等情况时，应及时报修，并做好相应的事故记录。

七、AFC 设备操作管理

在处理设备故障或操作设备时，车站认真执行 AFC 设备操作规范，并在操作前和操作期间做好乘客引导及解释工作。

（一）AFC 设备安全操作

（1）不得利用 AFC 设备做与 AFC 设备无关的操作。

（2）不得私自将任何电子设备（如 U 盘、移动硬盘、电脑、手机等）与 AFC 设备的任何端口连接。

（3）不得私自分拆 AFC 计算机配件（如打印机、键盘、鼠标等）挪作他用。

（4）车站人员操作设备和使用相关设备配件过程（如运送钱箱和票箱、更换钱箱和票箱等），需注意自身和乘客的安全，避免损伤或伤及他人。

（5）车站人员应按时巡视、密切关注 AFC 设备的运行状态，一旦发现 AFC 设备故障或接到报告，立即由客运值班员前往处理，并在巡视记录表上做好记录。若客运值班员无法排除故障，则在故障的 AFC 设备前摆放"暂停服务"牌，并通知 AFC 维修人员进行处理并记录故障。

（6）AFC 设备故障维修时，原则上车站须安排站务人员陪同。AFC 维修取出的纸币/硬币钱箱，必须立即通知客运值班员或以上级别人员来收取。

（二）SC 操作管理

（1）由当班值班站长、值班员负责 SC 操作管理。

（2）正常情况下，SC 应全日开启，车站各岗位及 AFC 维修人员操作或查询时，须输入本人用户名及密码，操作完毕后，应立即注销退出。在运营开始前，车站须确认 AFC 设备是否处于正常服务模式。

（3）运营过程中实时监测车站各种设备的状态，当设备出现故障或报警状态时，给出报警信息后，行车值班员应及时确认报警设备号和报警原因，根据不同原因安排处理。

（三）TVM 操作管理

（1）各站 TVM 的运营时间由系统统一设置。

（2）每日运营开始前，各站须提前对投入使用的 TVM 进行补币、补票。TVM 补币、补票操作时需确保补入备用金、车票的实际数量和输入 TVM 的数量一致，操作过程中应按照设备操作规范进行合理操作，避免票箱和钱箱损坏。

（3）每日运营结束后，各站须回收所有投入使用的 TVM 箱体，如纸币钱箱、硬币钱箱、纸币找零箱、硬币找零箱及票箱等，并回收废票箱中的废票。

（4）车站须确保运营期间 TVM 内找零、车票充足，注意 TVM 各模块状态。SC 提示 TVM 钱箱将满或找零钱箱、票箱将空时，须及时更换，以确保 TVM 正常服务。

（5）钱箱更换操作应由客运值班员和值班站长共同完成，一人负责具体操作，一人负责监督和安全防护。票箱更换操作可由客运值班员或以上级别人员单独完成。

（6）当钱箱、票箱故障无法取出，TVM 故障无法清空时，须立即报修。

（7）更换的钱箱必须由双人将钱箱按规定路线运回票务室，并将钱箱立即从手推车取出放于安全监控区域内。

（8）TVM 钱箱清点及补币规定。清点、补币工作由客运值班员、值班站长双人在 AFC 票务室监控状态下进行。清点钱箱时，相应的钱箱、钱袋、点币机和点钞机必须放在监控安全区域，整个清点过程不得遮挡监控。清点钱箱必须做到一人操作，一人监督。已清空钱箱应与待清点钱箱分开摆放。清点硬币钱箱出现洒币时，须拾起后再重新清点该钱箱。客运值班员、值班站长共同清点需补充的纸币、硬币，并进行补币操作。补币工作由客运值班员负责具体操作，值班站长负责监督和安全工作。补币操作必须在票款清点封包结束后开始。

（9）TVM 票箱清点及补票规定。清点、补票工作由客运值班员、站务员双人在 AFC 票务室监控状态下进行。清点票箱时，须逐台清点，严禁混点。补票操作必须在全部车票清点结束后开始。

（四）BOM 操作管理

车站 BOM 的运营时间由系统统一设置。由客运值班员或以上级别人员配备车票给客服员，客服员可直接将普通单程票放在 BOM 读卡器上发售，或将普通单程票补入票箱进行内置发售。客服员须使用本人用户名和密码在 BOM 登录。

客服员确认设备正常后，按车站 AFC 设备操作手册和相关规定办理车票分析、更新、发售、退款、交易查询等业务。

客服员在 BOM 上进行操作时，在设备对该次操作处理完并提示信息前，禁止移动车票或读卡器。

BOM 打印机故障时，涉及金额与车票的事务（含收取现金、卡上扣费及发售车票），车站需比照打印凭证格式和内容开具手写凭证，并加盖车站专用章。

客服员结束本班必须及时退出 BOM。每天 AFC 运营结束后，车站不得关闭 BOM 系统的电源。

（五）AGM 操作管理

每日 AGM 的运营时间由系统统一设置。票箱更换时机：出闸机票箱将满时；出闸机票箱已满时；每天运营结束后；车站根据各站实际情况进行更换。运营期间更换 AGM 票箱时，需由客运值班员与一名站务人员双人操作；在非运营期间更换 AGM 票箱时，可由一名站务人员单独操作。

（六）PCA 操作管理

PCA 需设置台账记录其配置和配发地点变更情况。车站 PCA 数量及状态发生改变时，当班客运值班员应及时在交接本记录并做好交接工作。PCA 交接时需确认设备状态及配件（如 SAM 卡、电池、充电器等）齐全、完好。

（七）票务管理系统用户名及密码管理

用户只允许使用本人的用户名和密码，不得多人共用一个用户名，不得借用他人用户名登录系统，不得企图获取他人的密码。用户须做好密码的保密工作，避免密码泄露。妥善保管用户名及密码，盗用他人用户名及密码操作的按相关规定处理。票务管理系统操作完毕须及时退出。

第二节　车站票务作业流程

对于车站票务作业流程的内容，需要了解各岗位的票务工作职责，熟悉车站票务作业一日流程。

一、岗位职责

（一）车站站长

（1）总体负责车站的票务管理工作，确保车站的票务运作顺畅。
（2）负责车站的现金、车票、票据等安全。
（3）保管部分备用票务钥匙。
（4）检查、监督、指导车站员工的票务工作并落实考核。
（5）必要时，处理乘客的票务纠纷。

（6）处理票务紧急情况。

（7）定期召开车站票务工作例会，查找问题，制定预防补救措施。

（二）值班站长

（1）负责本班的车站票务管理工作，确保本班的票务运作顺畅。

（2）负责本班的现金、车票、票据等安全。

（3）保管部分票务钥匙。

（4）负责补币、钱箱清点的监督工作。

（5）负责与客运值班员共同完成解行工作。

（6）负责在盘点日，按相关盘点规定与客运值班员共同完成盘点工作。

（7）视车站具体情况安排客运值班员进行备用金、车票、票据的调拨、接收。

（8）负责安排票务巡查工作。

（9）负责监控 SC 的运作。

（10）检查、监督、指导本班员工的票务工作并落实考核。

（11）必要时，处理乘客的票务纠纷。

（12）处理票务紧急情况，并及时上报。

（13）负责监督客运值班员之间的交接。

（14）负责票务管理相关通知、规定的传达、监督、执行和检查。

（15）向站长汇报票务工作，反映票务工作的真实情况，提出票务工作建议。

（三）客运值班员

（1）负责在运营开始前检查车站 AFC 设备开启情况，并监控 SC 的运作。

（2）负责票务巡查工作，跟踪 AFC 设备、票务安全监控的运作，并做好记录，发现问题及时报修。

（3）保管车站的现金、车票、票据、部分票务钥匙、票务备品、报表等，并负责其安全性和完整性。

（4）负责 AFC 设备箱体的更换、钱箱清点、票箱清点、补币、补票等工作。

（5）负责填制、复核本班所有的票务报表、台账。

（6）负责车票、票据、报表的接收、上交等工作。

（7）负责车站的解行工作。

（8）负责客服员的配票、结算，并监督客服员的票务工作。

（9）负责安排客服中心顶岗工作，监督客服员之间的交接。

（10）负责在盘点日，按相关盘点规定与值班站长共同完成盘点工作。

（11）负责每月报表的装订和存档。

（12）负责当班期间的票务生产用房管理。

（13）处理与乘客相关的票务事宜。

（14）负责执行值班站长布置的其他票务工作，协助值班站长处理票务紧急情况。

（15）向值班站长汇报票务工作，反映票务工作的真实情况，提出票务工作建议。

（四）行车值班员

（1）负责监控 SC 的运作。

（2）协助值班站长处理票务应急情况。

（五）客服员

（1）负责本班客服中心的管理。

（2）处理与乘客相关的票务事宜。

（3）完成相应票务报表、台账的填写。

（4）负责保管客服中心的现金、车票、票据、部分票务钥匙、票务备品、报表等，并负责其安全性和完整性。

（5）协助处理票务应急情况。

（6）完成上级布置的其他票务工作。

（7）向上级汇报票务工作，反映票务工作的真实情况，提出票务工作建议。

（六）站务员

（1）负责引导乘客正确操作票务设备。

（2）负责巡视车站 AFC 设备的运作情况。

（3）负责处理出站闸机卡票等乘客事务。

（4）负责客服中心的顶岗工作。

（5）协助处理票务应急情况。

（6）完成上级布置的其他票务工作。

（7）向上级汇报票务工作，反映票务工作的真实情况，提出票务工作建议。

二、车站各岗位票务作业一日流程

车站各岗位票务作业一日流程如表 7-1 所示。

表 7-1　车站票务工作一日流程

序号	时间	工作内容	岗位			地点
			值站	客值	客服员/站务员	
1	04:00	TVM 装箱：运营前对所有投入使用的 TVM 装钱箱、票箱（周二），携带钥匙（值站票务专用钥匙、客值票务专用钥匙、小推车钥匙），客值负责装箱的具体工作，必要时可由站务员协助装箱，值站负责监督和安全防护（在票务室监控下录入 SC）	√	√		站厅
2		运营前检查：检查 AFC 设备运行状态（SC 显示、现场设备箭头导向、TVM 乘客显示界面）	√	√		站厅
3	05:30	早班客服员配票：客值为客服员配备用金、车票，并录入 SC。交接客服中心门钥匙		√	√	AFC票务室
4	首班列车到站前 15 分钟	（1）检查 BOM 设备、对讲机、打印机等票务设备及点钞机等票务备品是否可以正常使用； （2）检查发票存量是否充足； （3）检查"暂停服务"牌已翻面，温馨提示内容未过期； （4）检查客服中心桌面无遗留现金与票卡； （5）按照 6S 定制整理桌面，整理票卡和现金； （6）准备开窗售票：处理乘客票务事务、兑零、问询等			√	客服中心
5		白班客服员配票：客值为客服员配备用金、车票，录入 SC		√	√	AFC票务室
6		夜、白班客服员交接：清点交接客服中心内票据、票务备品等		√	√	客服中心
7	夜、白班交接 08:00—08:30	早班客服员结账：客服员结算本班营收，凭小单核对《客服员结算单》上各种车票发售数量及金额、退票数量及金额、共计金额、营收金额、备用金、备注栏是否正确。并在 SC 录入，客值进行备用金划拨		√	√	AFC票务室
8		夜、白班客值交接：清点交接备用金、营收票款、票卡（含预赋值单程票、应急纸票）、票据、票务备品和钥匙等；检查票务台账、报表；确认 SC 数据与实际存量相符。 交接重要工作内容如下： （1）本班换下未清点的钱箱号； （2）本班发生的特殊票款处理； （3）近期有变更的票务政策及通知； （4）车站备用金出现机、假、少、多币情况等； （5）本班票务设备故障且未修复的情况等	√	√		AFC票务室
9	运营期间（对外）	与银行进行解行交接：票款解行、备用金兑零等	√	√	√	AFC票务室
10	09:00—17:30	装订并存档报表底单：每月 5 日的白班客值装订上月报表底单、现金存款凭条并存档在 AFC 票务室文件柜中		√		AFC票务室

序号	时间	工作内容	岗位			地点
			值站	客值	客服员/站务员	
11		接收车票： （1）由当班客值与票卡配收员根据《车票配发单》确认车票包装及封条完好，封条与配发单据票种、数量信息一致后，进行签章交接； （2）当班客值将车票存放于票柜，填写台账，并在 SC 上录入		√		AFC 票务室
12		上交设备废票： （1）设备废票和人工回收的无效票定期上交； （2）客值做好记录，并在 SC 中录入		√		AFC 票务室
13	运营期间（对外）09:00—17:30	接收票据： （1）票据申请车站需提前一周在票务管理系统上提出申请，并报备； （2）客值与票卡配收员双人在 AFC 票务室的范围内进行清点交接； （3）票据存放于小保险柜中，客值填写台账，并在票务管理系统上进行票据接收登记		√		AFC 票务室
14		上交发票存根： （1）票卡管理工班电话通知各车站，说明需回收票据的面值、数量；客值按要求将存根按面值进行区分，每十本进行加封； （2）客值在台账上做好记录； （3）票卡配收员依据《票据调配单》清点各票据的面值、数量，确认无误后签章，《票据调配单》第二联留存车站； （4）车站在票务管理系统中进行存根上交登记		√		AFC 票务室
15		站间调拨：车票、票据调拨需报批报备；节假日备用金增配需提前 12 日提出申请，并于节后 2 日归还（单独解行）；报表借还经同意后即可借还	√	√		AFC 票务室
16	运营期间（对内）09:00—23:00	（1）TVM 钱箱将满时，更换钱箱； （2）TVM 找零箱、票箱将空时，及时补币补票，并录入 SC； （3）操作中需携带票务小推车； （4）打开维护门之前，应先放置"暂停服务"牌	√	√		站厅
17		AGM 将满时，应使用票务小推车运送空票箱进行 AGM 票箱更换	√		√	站厅
18		处理 AFC 设备故障：值站巡视 AFC 设备使用情况，有异常情况及时通知客值。处理简单的 AFC 设备故障、如无法修复，放置"暂停服务"牌，通知车控室报修；如设备故障涉及卡钱、卡票，且客值无法找到的，放置"暂停服务"牌并通过 SC 设置暂停服务，通知 AFC 维修人员到场处理	√	√		站厅

序号	时间	工作内容	岗位 值站	岗位 客值	岗位 客服员/站务员	地点
19	运营期间（对内）09:00—23:00	车站票务事务处理：兑零、处理乘客票务事务（发售免费出站票需要值站签字确认）；无乘客事务处理时，需到站厅立岗，引导进出闸乘客			√	客服中心
20		发票使用：向有需要的出站乘客提供发票，单程票、市民卡、银联 IC 卡均在客服中心领取发票			√	客服中心
21		处理乘客的票务纠纷及其他票务紧急情况，有事件升级倾向的，将事件详情及时上报	√	√	√	站厅
22		客值为客服中心增配车票、备用金；对发票存根进行回收		√	√	客服中心 AFC 票务室
23	运营结束后	客服中心关窗，整理好客服中心票务备品、票务台账、报表、票据等，按照 6S 进行整理。收齐本班现金、票卡。同时将客服中心门上锁			√	客服中心
24		由客值和值站双人共同完成，使用票务手推车到达 TVM 设备旁，一人负责回收所有投入使用的 TVM 钱箱，一人负责监督和安全防护；TVM 票箱每周二、月底盘点，节假日前进行更换，可由客值或以上级别人员单独完成。回收后将设备维修门锁闭，票务手推车门在运送途中保持锁闭。注：如当日 TVM 出现卡票等可能影响票卡结存数量的故障时，该台 TVM 的票箱当日需回收清点	√	√		站厅
25		每日运营结束后回收所有出站 AGM 票箱中的车票，携带布袋到 AGM 旁，逐台回收，每台一袋，回收后安装票箱，锁闭 AGM 维修门			√	站厅
26		清点车票：站务员清点 TVM（回收日）、AGM 票箱回收的车票，清点后与客值进行交接。客值负责清点票务室所有票卡（含预赋值单程票、应急纸票），已加封票卡检查封条是否完整，如未破损，按照加封数记录，如破损，需清点后记录并加封。零散票卡需清点记录		√	√	AFC 票务室
27		结算当日设备票款营收：清点所有 TVM 钱箱、找零箱并结算（由值站开箱、清点，客值共同确认清点结果，填记票务报表。如中途值站有事离开，客值不得一人单独进行清点）发现非标准币，第一时间联系 AFC 维修人员，并汇报。非标准币留存车站，待 AFC 维修人员测试使用。客值跟踪厂家补款事宜	√	√		AFC 票务室
28		结算本运营日所有客服员与设备票款营收，核对表单，SC 相关数据录入	√	√		AFC 票务室
29		补交短款：按收益审核工班下发的《补款通知书》补齐设备短款/银行短款	√	√	√	AFC 票务室

序号	时间	工作内容	岗位			地点
			值站	客值	客服员/站务员	
30		找零箱补币：清点需补入 TVM 找零箱的备用金后，将备用金补入找零箱，统一放在 AFC 票务室划定区域保管，保证摄像头可以监控到。补币工作由客值负责具体操作，值站负责监督和安全工作	√	√		AFC 票务室
31		如遇兑零日清点兑零备用金：清点与银行兑零的备用金并单独用白色布袋封包，填写表单	√	√		AFC 票务室
32	运营结束后	清点备用金：清点票务室内所有备用金，已加封备用金检查封条是否完整，如未破损，按照加封数记录；如破损，需清点后记录并加封。零散备用金需清点记录	√	√		AFC 票务室
33		票款封包：根据当日营收进行封包，双休日/节假日不解行，车站保管每日票款封包，于节后第一日一起解行	√	√		AFC 票务室
34		票箱补票：清点需补入 TVM 票箱的车票后，将车票补入票箱（回收日）统一放在 AFC 票务室划定区域保管，保证摄像头可以监控到。		√	√	AFC 票务室
35		报表加封：将所有台账、报表填写完整，使用信封并加封需上交的设备凭条、设备废票/无效票	√	√		AFC 票务室
36		整理 AFC 票务室：将 AFC 票务室内各票务备品/工器具等物品按 6S 标准摆放		√		AFC 票务室

第三节　车站票务报表填写

车站在日常票务工作中需要填写票务报表作为票务操作的凭证及事实文本。本节重点阐述在票务工作中所涉及的报表及相应的填写规范。

一、报表的种类

（1）福利票发售登记。

（2）特殊情况车票即时退款记录。

（3）车站非即时退款申请。

（4）乘客事务处理。

（5）客服员结算单。

（6）票据调配。

（7）车票调配。

（8）车站票卡售存统计。

（9）车站票卡月度盘点。

（10）特殊情况票款登记。

（11）设备补币、清点记录。

（12）封包记录。

（13）车站营收记录。

（14）车站票务钥匙月度盘点。

（15）车站票务备品/工器具月度盘点。

二、报表的填写基本规范

（1）报表填写必须真实、准确、完整、及时，填制人员必须严格执行。

（2）属于复写的报表，一定要复写清楚，要求上下一致，并可辨认。报表的各项内容必须按要求填写，报表中不需填写的空格需用直尺画斜线标识。

（3）报表填写的文字不得使用红色笔填写，必须用黑色笔填写，字迹必须清晰、工整，不得潦草。填写人员必须签章。

（4）报表中的数字必须逐个填写，不得连笔书写。金额一项，小数点后无数时，应写"00"或"/"表示。

（5）报表填写发生错误时，不得刮擦、挖补、涂抹或用化学药水更改字迹。更改内容必须用"划线更正法"。使用"划线更正法"更正时，在报表中错误文字或数字上画一红线，以示注销，要求画去整个错误内容，用黑色签字笔写上正确内容，然后更改人员在该处签章以示负责（若签章未带，可用红色笔签写姓名与工号，确保清晰可辨认，若不能辨认视作票务问题）；若更改次数超过三次或以上导致报表不清时，应另填写一份，该报表作废。报表在写坏作废时，对整张报表打"×"并加盖"作废"章，并保存，不得撕毁。

（6）报表中若涉及金额与特殊情况项修改需采用"划线更正法"时，需双人签章确认，由填表人用黑色签字笔写上正确内容，与确认人共同签章确认。

三、报表的保管与加封

（1）报表应分类规整，当班客运值班员应确保报表种类齐全，数量充足。

（2）每月5日白班客运值班员加封上月报表并填写车站报表底单封包清单。车站所有报表底单的保管年限为1年，不满半年的报表必须放在AFC票务室内保管，期限满半年以上的报表按月份打包加封后存放于车站备品库。报表保管期满由车站按年份打包，并列出清单，统一回收。当年票务台账放在AFC票务室，非当年票务台账要求存放于车站备品库。

四、报表遗失的处理

（1）车站遗失票务报表，发现人员须即时报当班值班站长、站长等并组织调查，在3个工作日内将调查情况报收益审核工班（调查情况中需详细说明时间、地点、涉及人员、车票数量及金额）。

（2）若车站只遗失报表中的其中一联，则应将另一联上交收益审核工班。另外，车站需复印报表并留存保管。

（3）车站根据相关台账、查看录像等原始资料、统计报表重新补填票务报表，并在相关补填报表的备注栏注明"报表遗失补填"。

本章自测

 一、简述票务现金的内容以及保管要求。

 二、简述客运值班员的岗位职责。

 三、简述报表规范填写的内容。

 四、简述划线更正法的使用规定。

参考文献

［1］温州市城市轨道交通管理办法（试行）[EB/OL]. http://www.wenzhou.gov.cn/
art/2019/8/15/art_1229116916_576143.html.

［2］关于制定温州市域铁路 S 线票价的通知（温发改费〔2018〕272 号）[EB/OL].
http://wzfgw.wenzhou.gov.cn/art/2018/12/24/art_1229203933_2091525.html.